改革开放以来河南省经济发展战略的演化研究

伦蕊◎著

中国经济出版社
CHINA ECONOMIC PUBLISHING HOUSE
北京

图书在版编目（CIP）数据

改革开放以来河南省经济发展战略的演化研究 / 伦蕊著.
--北京：中国经济出版社，2020. 6
ISBN 978-7-5136-6105-8

Ⅰ. ①改… Ⅱ. ①伦… Ⅲ. ①区域经济发展-经济发展战略-研究-河南 Ⅳ. ①F127. 61

中国版本图书馆 CIP 数据核字（2020）第 047238 号

责任编辑　张　户
责任印制　巢新强
封面设计　久品轩

出版发行　中国经济出版社
印 刷 者　北京建宏印刷有限公司
经 销 者　各地新华书店
开　　本　710mm×1000mm　1/16
印　　张　13. 75
字　　数　220 千字
版　　次　2020 年 6 月第 1 版
印　　次　2020 年 6 月第 1 次
定　　价　68. 00 元
广告经营许可证　京西工商广字第 8179 号

中国经济出版社 **网址** www. economyph. com **社址** 北京市东城区安定门外大街 58 号 **邮编** 100011

本版图书如存在印装质量问题，请与本社销售中心联系调换（联系电话：010-57512564）

前 言

河南的大部分地域位于黄河之南，故称河南。河南古称“豫州”，因豫州位于古时九州的中心，故又有“中州”“中原”之称。河南是中华文明的重要发祥地之一。从夏朝建都于河南，至清王朝的覆灭，先后有20多个朝代建都或迁都于此。在几千年的历史中，河南处于全国政治、经济、文化中心的时间长达三千多年。河南有九朝古都洛阳、七朝古都开封、殷商古都安阳和商都郑州，中国八大古都中占据四席。

今日之河南，省辖面积达16.7万平方公里，占中国国土面积的1.7%，在全国各省（自治区、直辖市）中居第17位。全省共有17个省辖市、1个省直管市和21个县级市。河南独有的区位、人口和产业特征，决定了其在全国经济社会发展中的重要地位。具体表现在以下方面。

一是区位特征。河南地处中原，恰位于我国东、中、西部地区的过渡地带。从政区和交通位置来看，河南东临山东、安徽，西连陕西，南临湖北，北接河北、山西。若以河南为中心，向东行至东海之滨，向西达天山脚下，向南到珠江流域，向北抵黑龙江畔，仅须跨越2~3个省（区、市）。中国的两大铁路干线（京广线和陇海线）、两大高速公路干线（京珠公路和连霍公路）也交会于此。同样，若以河南的省会郑州为中心，东至沪、宁、杭，西至关中平原，南下武汉三镇，北距京津唐，直线距离也均在600~800公里，可见其地理位置的优越性。如今，河南境内西气东输、南水北调等国家重点工程的兴建，进一步强化了河南承东启西、通南达北的优越地理位置，奠定了河南在全国经济社会活动中不可或缺的重要地位。

二是资源特征。河南是农业大省。目前，全省有耕地资源811.03万公顷，占全国耕地资源总面积的6.2%，仅次于黑龙江、四川和内蒙古，居全国第4位。河南水资源比较丰富，有“地下水库”之称。省内有1500多条河流，分属黄河、淮河、海河、长江四大水系。河南还是中国重要的能源和矿产基地。目前，全省有大中型煤矿40座，分布在焦作、平顶山、鹤壁、义马和郑州五个主要产煤区。省内已探明的石油储量达610511万吨，居全国第10位。天然气储量达17317亿立方米，居全国第13位。全省已发现的矿产资源有157种。储量居全国首位的有钼矿、蓝晶石矿等8种，储量居全国前10位的有48种。

三是人口特征。河南是中国第一人口大省。全省总人口共计9605万人，约占全国人口总数的1/12。河南GDP总量的变化、人均收入水平的波动、就业率的增减，不仅反映着河南自身的经济发展现状，而且显著影响着全国宏观经济领域的整体发展。

四是产业特征。河南是我国重要的小麦、玉米、棉花、油料、烟叶等农产品生产基地。近年来，河南以建设全国优质专用小麦和畜产品生产加工基地为契机，大力推进农业产业结构调整，切实提升农产品加工转化能力。农业是国民经济的基础产业。河南解决好了“三农”问题，才会大地推动全国“三农”问题的真正解决。

近年来，河南依托丰富的能源和矿产资源，逐步发展起以轻纺、食品、冶金、建材、机械、电子、石油、化工为主体，门类齐全、初具规模的现代化工业体系。目前，河南的工业总产值居全国第5位。河南的工业结构调整与产业升级，在中国工业经济的蓬勃发展进程中发挥着举足轻重的关键作用。

河南市场广阔、商业发达，是全国重要的商品集散地。郑州商品交易所是中国最大的粮食批发市场和首家规范化的粮食期货市场。“郑州价格”成为全国粮油交易的指导价，也是世界粮油交易价格的重要参考指标。

河南经济在全国经济社会发展进程中占据着无可替代的战略地位。要振兴河南经济，需要对一系列问题进行深入探究和科学决策。其中，最根本的问题是综合考虑经济、社会、科技等因素得出总体经济发展战略。区域的总体经济发展战略是关乎经济发展全局的长远谋划和大政方针，是统领各部门、各方面、各环节、各阶段发展进程的最高规划，直接决定着地区经济发展的方向、路径和成败。

鉴于此，本书拟对中华人民共和国成立以来河南各主要发展阶段的经济发展战略进行回顾和系统总结，探讨河南经济发展战略在目标制定和战略实施过程中的阶段性转换，以及这种转换带来的现实意义，以期能够以史为鉴，为河南未来的战略谋划带来启发。

自中华人民共和国成立以来，河南在不同时期的经济发展具有鲜明的时代特征。考虑资料的易得性、时段的完整性和代表性，本书将研究区间设计为改革开放后至今，并进一步划分为三个阶段来阐述经济发展战略的变迁过程。

第一个阶段是从中共十一届三中全会到1992年邓小平南方讲话和中共十四大召开，为“改革开放探索期”。在这一时期，河南坚定不移地把各方面的工作重点转移到经济建设上来，集中力量提高社会生产力。改革的潮流从农村到城市，从经济领域逐渐扩展到政治、教育和文化等领域，省域经济的发展水平实现了历史性的跨跃。

第二个阶段是从1992年邓小平南方讲话和中共十四大确立“社会主义市场经济体制”的改革目标，到2002年中共十六大前夕，为“改革开放初创期”。在这一时期，河南根据中共十四大确立的建立社会主义市场经济体制的改革目标，坚持以经济建设为中心，以建立社会主义市场经济体制为抓手和契机，以加快工业化进程为突破口，千方百计地促进国民经济再攀高峰，区域经济从治理整顿的低潮中得到恢复并迅速发展。

第三个阶段是2002年中共十六大召开至今，为“改革开放建设期”。在这一时期，河南根据中共十六大精神，以科学发展观统领经济社会的发展全局，谱写了以全面建设小康社会和构建社会主义和谐社会为主题的改革新篇章。

需要说明的是，本书所用数据来自相应年份的《中国统计年鉴》《河南统计年鉴》《河南年鉴》《中国工业经济统计年鉴》《中国科技统计年鉴》《中国高科技产业统计年鉴》。

感谢河南财经政法大学郭军教授对本书的研究框架和论证思路提出指导意见。本书得到国家自然科学基金青年项目“基于治理特殊性的企业基金会自主性研究”（71802072）的资助，在此表示感谢！

目 录

第一章 战略与经济战略的一般认识 …… 1
第一节 战略概念的缘起与发展 …… 1
第二节 战略的一般属性 …… 3
第三节 战略与经济发展的结合 …… 3
第四节 经济发展战略的特征 …… 5
第五节 制定经济发展战略的价值与意义 …… 8

第二章 河南改革开放探索期的经济发展战略 …… 9
第一节 经济导向的社会建设时代 …… 9
第二节 以“向市场经济转轨”为主题的经济体制改革 …… 13
第三节 “三步走”战略 …… 17
第四节 “速度与效益相统一”的经济增长战略 …… 21
第五节 市场化改革时期的工业化战略 …… 27
第六节 以推行家庭联产承包责任制为核心的“三农”发展战略 …… 34
第七节 离土不离乡：乡村文明主导下的城镇化战略 …… 38
第八节 “让一部分人先富起来”的收入分配战略 …… 44
第九节 “以市场换技术”战略 …… 51

第三章 河南改革开放初创期的经济发展战略 …… 56
第一节 全面建设社会主义市场经济时期 …… 56
第二节 全面协调可持续的现代化战略 …… 58

第三节　经济“软着陆”的稳定增长战略 …………………………… 61
第四节　扩大内需战略 …………………………………………………… 66
第五节　以“农业现代化、农村市场化、农民富裕化”为主题的
“三农”发展战略 ………………………………………………… 70
第六节　以小城镇为主要载体的农村城镇化战略 ……………… 77
第七节　经济体制转轨时期的富民减贫战略 …………………… 82
第八节　科教兴豫战略 …………………………………………………… 87
第九节　开放带动战略 …………………………………………………… 94

第四章　河南改革开放建设期的经济发展战略 ………………… 99
第一节　以改善民生为核心的社会建设时代 …………………… 99
第二节　以“四个全面”战略作为中华民族伟大复兴的根本指针 … 104
第三节　从“中原崛起”到建设“中原经济区” ……………… 106
第四节　“国退民进”战略的深入实施 ………………………… 112
第五节　新型工业化战略 ………………………………………… 115
第六节　惠农型“三农”发展战略 …………………………… 124
第七节　统筹城乡发展战略 ……………………………………… 133
第八节　以和谐共享为基本思路的收入分配战略 …………… 140
第九节　创新型河南发展战略 ………………………………… 145
第十节　内陆开放型经济发展战略 …………………………… 151

第五章　河南经济发展战略与国家区域战略的协同演化 ……… 159
第一节　区域非均衡发展时期的国家战略与河南发展 ………… 159
第二节　区域协调发展时期的国家战略与河南战略 ………… 165
第三节　区域统筹发展时期的国家战略与河南战略 ………… 172

第六章　河南经济发展的战略展望 ………………………………… 181
第一节　战略方向之一：建设粮食生产核心区 ……………… 181

第二节　战略方向之二：建设中原经济区 …………………………… 184
第三节　战略方向之三：建设“郑州航空港经济综合试验区” …… 189
第四节　两大战略举措 ……………………………………………… 194
第五节　远景展望 …………………………………………………… 196

参考文献 …………………………………………………………… 199

重要术语索引表 …………………………………………………… 207

第一章　战略与经济战略的一般认识

第一节　战略概念的缘起与发展

在《辞海》中，“战略”一词最早是军事术语。战略与策略、战术的关系，恰似系统与部分、宏观与微观的关系。战略是框架性的、指导性的，策略与战术则是行动意义上的。前者较为稳定，后者则更加灵活。

在中国古代，战略常与“韬略”一词并用，指“战争方略”或“用兵谋略”。孙武是中国历史上首位提出战略理论的伟大人物，他的《孙子兵法》是世人公认最早的、影响力极为深远的战略学巨著。作为一部用于指导战争的谋略书籍，《孙子兵法》用“上兵伐谋，其次伐交，其次伐兵，其下攻城”来强调战略的重要性。“用兵之道，以计为首”“不战而屈人之兵”则是战略运用的最佳体现。

公元3世纪，西晋史学家司马彪首次以“战略”一词命名自己的专著。明代茅元仪编撰的《武备志·战略考》中，共汇集了613条战例。1906年，北洋陆军督练处编纂了中国第一部军事辞典，其中把战略定义为“策划军国之方略也”。

1936年，中国当代革命战争时期，毛泽东在其《论中国革命战争的战略问题》一文中指出，“研究带全局性的战争指导规律，是战略学的任务……研究带局部性的战争指导规律，是战役学和战术学的任务……”。

在西方社会，英文单词Strategy（现译为战略）源于古希腊语strategem（诡计）或strategos（将道），该词常被看作一种“指挥军队的才干”，或是“将军的艺术”。根据中国台湾学者、战略研究专家钮先钟的考证，

1777 年，在法国人梅齐乐的著作《战争理论》中，首次使用战略（法语为 stratégie）这个名词。此后，战略作为军事术语，逐渐在欧洲诸国成为通用词汇。

纵观全球，如果说古典战略思想的萌芽起源于中国的《孙子兵法》，那么现代战略观念的形成则是以欧洲的拿破仑战争为标志。虽然拿破仑是一位伟大的战略家，但他本人并未开展专门的战略理论研究。完成这项工作的，是曾亲自参与拿破仑战争的两位理论大师——约米尼和克劳斯塞维茨。

约米尼在《战争艺术概论》中指出，“战略是在地图上进行战争的艺术”。克劳塞维茨在《战争论》中明确区分了战略（Strategy）和战术（Tactic），提出“战术是在战斗中运用武装力量，而战略则包括适应战争目的的战略目标和战争计划，为达成这一目标的行动措施、方案和战斗部署”。可见，在传统意义上，战略观念被限定在战争领域内，彼时的战略即为军事战略。

随着人类社会的发展进步，“战略”一词被越来越广泛地应用于军事以外，逐渐出现在政治、经济、社会、科技、外交等多元化领域。例如，斯大林曾论述政治战略。他指出，“战略就是规定无产阶级在革命某一阶段的主要打击方向”。魏德迈将军于 1943 年在美国发表演时首提“大战略”概念。他指出：“大战略是使用一切国家资源，以达到国家政策所界定目标的艺术和科学。”“大战略”概念，实现了“战略”内涵在横向与纵向维度的充分扩展。

第二次世界大战后，许多摆脱了殖民统治的发展中国家走向独立，它们面临的首要任务就是发展本国经济。在这一历史背景下，以发展中国家的经济发展问题为核心研究对象的发展经济学应运而生。相应地，战略研究也被引申到经济、科技、教育、社会发展等各个领域。1979 年，美国官方首次提出“国家战略”概念，并将其界定为“发展和应用政治、经济、心理、军事权力，以达到国家目标的艺术与科学”。

随着“战略”一词应用领域的日益扩展，战略的内涵也逐渐演变，其泛指重大的、全局性的谋划。当今时代，战略是一种对于未来全局性、长远性和根本性的谋划，它意味着调动一切资源与力量，以实现既定政策目标的艺术与科学。

第二节　战略的一般属性

战略具有全局性、长远性和根本性三大基本属性。

全局性，是指制定和研究战略需要以谋求全局发展为根本目的，要尽力避免“一叶障目，不见泰山”，要把研究对象看作一个系统整体，从而全方位、大格局、宽视野地思考问题。《孙子兵法》就特别强调战略的全局性：“全”字在该书中共出现十次，其中有七次出现在“谋攻”篇，而“谋”的意思即为战略。

长远性，是指对事物发展进行长期性谋划。考虑的重点是未来，关注的重点是远期。制定发展战略，必须富有远见。没有长远眼光和预见能力，极有可能对未来的发展做出错误判断。而为了有远见，研究战略者还必须研究未来。对信息化、全球化、生态问题、安全问题、精神追求等话题，均应认真思考和应对。只有具备了长远眼光，发展才具有可持续性。

根本性，是指对关系全局的根本性问题进行谋划，不受细枝末节的影响。正如现代战略研究专家钮先钟所言：“战略思考必须是所见者大。宁可失之与大，而不可失之与细……宁可受‘大而无当’的批评，却绝不可以小儿科!”

第三节　战略与经济发展的结合

最早把“发展”与“战略”组合并提出“发展战略”概念的人，是美国耶鲁大学的著名经济学家赫希曼（A. D. Hirschman）。他于 1958 年在《经济发展战略》一书中首次提出了“发展战略”概念。

赫希曼把经济发展提升到战略高度，探讨发展中国家如何利用自身的潜力、资源与环境，谋求经济社会的长远发展。自此，“战略”与发展中国家问题相结合的研究，逐渐发展形成了“发展经济学”。联合国也在 20 世纪 60—80 年代适时地推出了三个“国际发展战略”。

在中国，自 20 世纪 70 年代末开始，伴随着改革开放，“发展战略”的概念逐渐被引入学术界。20 世纪 80 年代初，著名经济学家于光远提出研究“经济社会发展战略”的倡议，掀起了发展战略的研究热潮。“经济发展战略”一词开始活跃于学者们的口头和笔端，人们还将这一问题与经济体制的改革进程相联系。特别是自从 1987 年中共十三大报告《沿着有中国特色的社会主义道路前进》中把“关于经济发展战略”单列一章后，经济发展战略研究达到了空前的高潮。如今，经济发展战略问题依然是一个重要的学术研究领域，相关成果也对区域的经济社会发展起到了关键的指引作用。目前，中国学术界对“经济发展战略”的理解，主要有以下几种表达。

（1）经济发展战略，是为实现某种既定的目标，系统、动态地进行全局谋划。即从战略高度研究未来的发展问题。

（2）经济发展战略，是指根据影响经济发展的各种因素、条件的全面估量，从关系经济发展的全局出发，考虑和制定经济发展的目标、重点与阶段性安排，以及为实现上述规划所需要的力量部署和重大举措。

（3）经济发展战略，是指一个国家由最初低下、落后的经济发展状态逐步转变为较为发达、先进的生产力状态，所采取的在总量、质量、结构等方面的政策方针。

综上所述，“战略”一词应用于经济发展领域，并未改变其本质含义。因此，可将经济发展战略的概念界定为：从全局出发，根据对各种因素的估量，考虑和制定经济发展所要达成的目标、解决的重点、经过的阶段以及为实现上述规划所采取的力量部署和重大举措。

概括而言，经济发展战略的主要内容涉及两大方面：一是有关经济发展的战略目标。又可进一步分解为：分析发展条件及其可行性、明确战略指导思想、确定特定时期内经济发展所要达到的基本目的、总目标的逐段分解、分段目标的有机衔接、目标的动态调整等。二是实现经济发展之战略目标的途径、措施。又可进一步分解为：体制条件、步骤安排、各阶段重点，以及为保证战略目标、重点、步骤的实现而制定的宏观、微观配套政策体系等。

第四节　经济发展战略的特征

经济发展战略是指导区域长期发展的政策指南，主要具有以下几个特征。

（一）目标全局性

经济发展战略针对的是关系全局的关键问题，分析的是影响全局的重要因素，出发点是全局的现状，落脚点也是全局的发展。这里的全局，不是一个空间概念或地域概念，而是一种哲学意义上的“全局”。任何事物，只要它由各个相互关联的部分、因素、阶段所构成，就可以称为一种全局。因此，区域宏观经济是一个全局，农村工业部门也可以看作一个全局。

（二）作用决定性

正如军事战略对战争的成败具有决定性意义，经济发展战略对经济发展的成败也至关重要。实践证明，区域经济发展的成就与是否制定和实施了符合实际、适应时代、切实可行的经济发展战略密不可分。相反，经济工作中出现的重大失误，也往往是由经济发展战略的误导所导致的。

今日之中国，经济社会领域取得的巨大成就，主要原因在于不同时期制定的科学、有效的经济发展战略。以毛泽东为核心的党的第一代领导集体，制定了“工业化”和“两步走”的经济发展战略，改变了旧中国的生产力布局，逐步建立起独立的、比较完整的工业体系和国民经济体系，使我国顺利走上社会主义工业化的道路。以邓小平为核心的党的第二代领导集体，根据世界格局、实际国情，对经济发展战略进行了大调整，确立以“温饱、小康和比较富裕”为标志的“三步走”经济发展战略，极大地解放和发展了社会生产力，提升了综合国力，改善了人民生活水平。

日本的发展历程同样印证了上述道理。日本在20世纪60—70年代实行的“加工贸易立国”战略，在60年代以发展资本密集型重化工业为战略重点，在70年代则以发展知识密集型电子工业为战略重点。这一战略使日本国民经济迅速增长。进入80年代后，日本开始实行“科学技术立国”战略，明确提出要从“模仿和追随的文明开化时代”迈向“首创和领先的文明开拓时代”。这一战略取得明了显成效，确立了日本的经济大国地位。但是，自20世纪90年代以来，日本实行的“金融立国”战略，却使其陷入“泡沫经济”的泥淖，经济发展处于长期的停滞状态。

实践是检验真理的唯一标准，世界各国经济发展的历史实践一再表明，正确制定和有效实施经济发展战略，对于发展经济具有举足轻重的作用。当然，经济发展战略的作用也不是万能的，它对经济发展的影响受经济规律的制约，还受竞争者、消费者和政府行为的影响。

（三）动态演化性

经济发展战略是一种面向未来的战略部署与安排，具有深远的影响。未来以过去为鉴，对于区域未来发展趋势的推测要立足现在、放眼未来，兼顾当前和未来的关系。随着时间的推移，区域经济发展所面临的国际国内环境不断变化，战略也需要随环境的变化做出相应的动态调整。此外，区域经济发展战略总是为特定时期内的某种目标而制定，当阶段性目标已经实现，战略使命就已完成，将会被新的战略所取代。因此，发展战略呈现动态演化性。

（四）长期有效性

战略是区域发展的纲领性文件，在较长一段时期内保持相对稳定。例如，社会主义现代化战略的实现，可能就需要几代人的不懈奋斗。战略的制定需要尽可能考虑未来的变化，以及由此产生的利弊，要将短期、阶段性决策统一纳入长期的战略谋划中。

需要特别说明的是，经济发展战略的长期有效性与其动态演化性并不矛盾。战略是面向未来的，须立足于各种主观、客观条件。但世界上并不存在一成不变的环境条件，一旦时过境迁，战略就要做出相应调整。由于经济发展总体呈螺旋式上升态势，因此在不同阶段，战略目标会有所不同，战略重点也会不断调整。一旦发现经济发展战略不再合适，就需要及时开展局部调整，甚至推翻重来。但这一做法同保持发展战略的相对稳定性目的相一致。

（五）结构层次性

经济发展战略是针对区域经济系统的整体性、全局性谋划。然而，经济系统有着严密的层级结构，不但有大系统，而且有各个层次的子系统。对应于不同层次的系统，就会有不同层次的战略。其中，子系统的发展战略是大系统发展战略的组成部分，需要服从和服务于大系统的发展战略。制定大系统战略时，需要充分考虑子系统的发展要求和发展方向，对子系统具有宏观指导性。大系统战略要与子系统战略相和谐，而不能相背离。战略的结构层次性与战略目标的全局性并无矛盾。相对于大系统来说，子系统是一个局部。子系统相对于其自身所辖部分而言，又是一个全局。

（六）对象差异性

经济发展战略所涉及对象在地域范围、空间层次方面各不相同，区域的资源要素禀赋、具体区情不同，战略的具体内容和重点也会有所不同。当区域处于不同的发展阶段时，发展所面临的机遇和难度不同，战略目标、战略侧重点和战略方向也会有所不同。因此，经济发展战略具有很强的区域性特征，不可能是统一模式的。即便在宏观方向上存在相似，在具体举措上也应体现差异。在掌握区情、域情的基础上，制定充分体现自身优势的发展战略是应遵循的基本原则。

（七）可操作性

可操作性指战略的可应用性，也指目标的可实现性，是检验经济发展战略能否实施的重要标尺。理论的价值体现在实践中，经济发展战略归根结底是为经济社会发展服务的，不能仅停留于理论层面，必须应用于实践，并经受实践的检验。这就要求在制定经济发展战略之前，必须深入调查研究，认真分析内外部条件，准确研判未来趋势，从而制定出可操作、可应用的经济发展战略。

第五节　制定经济发展战略的价值与意义

实践证明，经济发展战略的制定和实施，直接关系区域经济长远发展和社会进步，有利于各地更加具体地制定区域发展政策。国家的整体发展，最终要落实到各个不同地域。宏观经济发展战略是顶层设计，是各地方政府对区域经济发展做出具体规划的宏观依据。各地区需要深入思考如何在新的国际、国内形势下实现科学发展，并将自身的发展融入国家整体发展的长远规划中。区域发展战略如果能有效地找到国家宏观经济战略与市场机制改革的契合点，将会对区域经济的腾飞做出正确引导。

（一）有利于弥补市场弊端、发挥经济优势

区域发展战略的制定，建立在对区域未来进行深刻分析的基础上，因而有利于克服市场的短期性和盲目性。区域经济发展战略的制定过程，深化了人们对资源禀赋和经济优势的认识，探讨独具特色的发展模式，促进合理的地域分工，从而有效避免大而全、小而全的片面发展模式。即使面临不利的宏观经济背景，区域发展战略也不会一味地跟随市场盲动、蛮干。

（二）有利于经济社会的长期稳定发展

区域发展战略是从长远角度来规划发展政策，是保持地区经济稳定发展的重要条件。即便是政府换届后，新一届政府对区域经济发展的思考也应在现有发展战略的宏观构架内继续优化，以有效规避因新政策与既有政策出现矛盾而带来的经济波动或发展停滞。

第二章　河南改革开放探索期的经济发展战略

从 1978 年召开中共十一届三中全会，到 1992 年邓小平发布南方讲话，为“改革开放探索期”。在这一时期，河南积极响应中央号召，逐步清算“左”倾僵化，实现了工作重心的转移。河南认真贯彻执行“调整、改革、整顿、提高”和“对内搞活、对外开放”的基本方针，实行以家庭联产承包责任制为核心的农村经济体制改革，同时大力推动以国有企业改革为中心的城市经济体制改革。河南建立了以市场为根本和基础的资源配置机制，逐步实现由计划经济体制向社会主义市场经济体制的过渡。通过大力发展非国有经济，逐步建立以国有经济为主体，多种经济成分并存的多元化所有制结构，实现了国民经济的恢复和发展。

第一节　经济导向的社会建设时代

随着社会化大生产时代的来临，高度集中的计划经济体制暴露诸多弊端，以计划为导向的发展道路也越来越曲折。中国社会亟待一种新的体制机制，以充分解放生产力、激发经济活力。在这关键时刻，中国改革开放的总设计师邓小平，经过深思熟虑，果断地打开了闭塞已久的国门，把中国推向了世界，把市场引入了中国，使中国经济的发展进入以经济建设为核心任务的全新时代。

一、社会建设的时代背景：改革开放

在这一时期，以邓小平为核心的党的第二代领导集体的发展观，是在“亚洲四小龙”迅速崛起，而中国却错失了第三次世界科技革命机遇的大背景下逐渐形成的。具体而言，可将“改革开放”政策的时代背景归纳为以下方面。

一是国家财政不堪重负，经济生活整体匮乏。计划经济体制下的全民社保使国家财政体系不堪重负。一方面，国家财政几乎承担了所有的民众生活开支，同时快速增长的人口又不断消耗着国家的资金储备。另一方面，生产的积极性得不到保护，经济产量持续萎缩，财政收入连年下滑。据统计，1976 年的国家财政总收入比 1975 年减少了 39. 6 亿元，当年发生财政赤字共计 29. 6 亿元，这使国家财政面临着枯竭的巨大风险。

改革开放以前，虽然已经实现人人有份的平均主义分配政策，使人人都可享受到最基本的生活保障，但由于国家整体经济实力的下滑，国民经济始终在低水平徘徊，人民生活处于贫苦境地。住房等生活必需品长期、严重短缺，公共服务极不发达，同时还伴随着严重的就业安置难、城乡差距大等现实问题。而这一系列问题的解决，最终都卡在了国家的经济实力薄弱这个节点上。

二是时代主题转向“发展”。从整个国际大环境来看，和平与发展成为新的时代主题。20 世纪 70 年代末 80 年代初，国际形势表现若干新特点。一是随着亚非拉民族解放运动的胜利，以及大批第三世界国家的政治独立，民族革命的任务暂告终结，发展经济的任务日益迫切。二是社会主义国家在经历了最初的高速发展阶段后，经济发展速度普遍减慢，甚至出现停滞。如何改革旧体制，进一步解放生产力，是各个社会主义国家共同面对的新课题。三是国际局势变化莫测，战争危机依然存在。四是纵观全球，和平力量成长壮大，反战声音成为主流。五是随着战后新科技革命的蓬勃发展，经济、科技力量在世界竞争中的重要性日益凸显。西方发达资本主义国家高度重视机遇，纷纷调整经济结构和贸易政策，以便在新一轮的全球竞争中继续夺得先机。新情况表明，“战争与革命”的时代已宣告结束，以“和平与发展”为主题的新时代已经到来。鉴于国际形势的这些新变化，邓小平明确指出：“现在世界上真正大的问题，带有全球性的战略问题，一个是和平问题，一个是经济问题或者说发展问题。和平问题是东西问题，发展问题是南北问题。”

三是“解放思想、实事求事，实践是检验真理的唯一标准”为改革提供了思想和理论的准备。以邓小平为代表的改革派，高举“解放思想、实事求是”的大旗，与那些持有“两个凡是”“无产阶级专政下继续革命”等“左”倾僵化的人们，展开了有关“真理问题”的激烈论战。解放思想，就是使思想活动符合实际情况，就是要提倡实事求是。也就是说，要真正科学地看待和理解经济现实中的社会主义，并坚持将其置于现实基础上的基本原则。这场论战从理论上根本否定了“凡是派”的错误方针，破除了数十年来“左”倾思想强加于人的精神枷锁，奠定了理论争鸣的学术氛围，也使后续的改革有了广泛的群众基础。

经过深思熟虑，最终，邓小平将党的工作中心转向了“经济建设”，把“解放和发展生产力”放到了经济生活的首要位置。这标志着我国进入大刀阔斧进行经济体制改革的重要转折期，预示着我国经济社会建设将发生明显转向。

二、社会建设的特征：经济导向

改革开放前，我国经济发展以“高速度、高指标”为目标，但发展速度不升反降，人民生活依然困苦。经历过这一时期的邓小平，在反复思考“什么是社会主义”“怎样发展社会主义”的关键问题后，旗帜鲜明地提出：“社会主义要消灭贫穷。贫穷不是社会主义，更不是共产主义。”从而毅然决然地将党和国家的工作重心逐步转移到“以经济建设为中心”的轨道上。在这个新时期，社会建设一改过去主要服务于政治目的的价值取向，越来越向服务于经济发展的目标靠拢。社会建设表现出经济导向的新特征，具体包括以下方面。

一是国家职能由“全能型”转向“经济型”，社会建设的主体走向多元化。市场本就应是容纳多元化交换主体的场所和机制。在新时期，国家将各项管理职能和调控权利下放，社会建设的主体开始日益多元化。当国家逐渐淡化其“全能型”的职能角色时，其“经济型”的职能特征便开始凸显重要性。经济目标成为国家政策和政府行为的主要导向，成为宏观决策的首要影响因素。大量企业、事业单位趋于独立化运营，一些单位甚至演变成为纯粹的经济机构。企业、事业单位和个人逐渐演变成为经济社会建设的主体力量。

二是全社会的价值取向日益受市场逻辑所支配。市场逻辑的普遍渗透，使人们在经济政策的价值取向方面达成共识，社会资源的分配开始受经济效益这一根本原则支配。与此同时，“市场万能”的思想也开始孵化。一些人认为，只要依靠市场，只要建立市场经济，中国的一切问题都能迎刃而解。此时，经济效益成为评判一切事物的标准和尺度。市场化改革逐渐向更广阔的领域进军。教育产业化、医疗市场化、住房分配货币化等现象的出现，表明社会生活“市场化”的程度正不断加深。

三是社会政策法规的制定是为市场经济改革服务的。在改革开放之初，我国虽有相关的经济政策出台，却极少有专门的社会政策规划。社会政策通常只是扮演经济政策的附属角色，只是为市场经济改革提供配套辅助。

三、社会建设的历史作用

在以经济领域建设为中心任务的社会转型期，社会建设的基本功能也发生了天翻地覆的变化。

一是增进了社会的自主性。随着改革开放的推进，市场的活力被充分激发。社会中可自由流动的资源日益增多，社会成员的自由流动空间也迅速扩张。在多元化社会中，个性开始彰显，个人的权利意识逐渐觉醒。

二是经济效率显著提高。以经济利益为驱动力，多元化社会建设主体的生产积极性得以充分激发，国民经济得到了极大发展，呈现多种经济成分和谐共存的繁荣景象。由于追求效率与发展成为社会主流价值观，社会发展的其他领域也发生了相应的转变。例如，推动以精简机构、提高工作效率为目的的政治体制改革。

三是社会公平失去保护。由于先天禀赋、政策机遇、素质能力的不同，我国社会各领域出现了巨大的分化。一方面，新富阶层脱颖而出，在短期内积聚了大量财富，但这一阶层占社会总人口的比重较低。另一方面，仍有大量人口还徘徊在温饱线的边缘，生活质量并无大的改观。贫富水平的两极分化，使得公平、公正问题得到越来越多的关注，也日益成为人们质疑改革成效的焦点问题。

第二节　以“向市场经济转轨”为主题的经济体制改革

自 1978 年起，中国开展了举世瞩目的经济体制改革。这是一场脱胎于高度集中的计划经济体制的经济改革，是史无前例的大胆实践。在这场改革实践中，中国经历了从最初的“计划经济为主，市场调节为辅”，到“有计划的商品经济”认知的不断深化。最终，为经济体制改革探索出一条正确的道路，并为下一阶段社会主义市场经济体制的初步确立夯实了牢固基础。

一、“计划经济为主、市场调节为辅”时期（1978—1984 年）

1978 年 12 月，中共中央召开了具有划时代意义的十一届三中全会。在这次全会上，党中央做出了“把全党工作的重点转移到社会主义现代化建设的轨道上来”的战略决策，并明确提出要对经济管理体制和经济管理方法实施改革。中共十一届三中全会公报指出：“实现四个现代化，要求……改变一切不适应的管理方式、活动方式和思想方式。”公报同时指出，

“经济体制改革的重点和要害，是改变管得过多过死的计划经济体制”。这表明了中央欲大幅调整计划与市场的关系，对计划管理体制实施大刀阔斧的改革。

贯穿这一时期经济体制改革探索过程的主线，是如何正确处理计划与市场的关系。“计划经济为主，市场调节为辅”，是我国经济体制改革进程中采取的第一种模式。1979 年 3 月，陈云在《计划与市场问题》一书中指出，“整个社会主义时期的经济必须有计划经济和市场调节两个部分。第一部分是基本的、主要的，第二部分是从属的、次要的，但又是必需的”。1981 年 6 月，邓小平主持起草《关于建国以来党的若干历史问题的决议》。该决议指出，“必须在公有制基础上实行计划经济，同时发挥市场调节的辅助作用”。1982 年 9 月，中共十二大报告进一步提出“计划经济为主，市场调节为辅”的基本原则。此次会议还正式提出了“建设有中国特色社会主义”的理论。尽管相关提法依然坚持计划经济的总体框架，但允许在这一总体框架下发挥市场的调节作用，这为之后社会主义市场经济理论的形成做出了铺垫。

这一时期，中国的改革实践起源于农村。农村之所以成为我国基本经济制度变迁的突破点，原因有两方面：一是当时我国农村实行的是人民公社制。这套旧体制在提高农民的切身利益方面作用有限，因而农民对旧体制的心理依赖度低，推行制度变迁的难度也较低。二是农民的利益在旧体制中受到压制，这个群体寻求体制变迁的内在动力最为强烈。在这一阶段，经济体制改革的核心内容，是实行家庭联产承包责任制。在这种新的制度规范下，农民抛弃生产队“大呼隆”的劳动方式和“大锅饭”的分配方式，实施“包干到户”的承包形式。这就彻底改变了传统农业的基本经营制度，极大地调动了农民的生产积极性，释放了农业生产力。

在改革农村经济体制的同时，城市经济体制的改革也处于酝酿和摸索阶段。受农村改革思路的启发，一些城镇企业开始由原来的行政附属机构向相对独立的商品生产者和经营者转变。这些新兴部门同时具有内在的发展动力和外来的市场压力，因而也具有一定程度的发展活力。推行企业联合改组、发挥城市中心作用，一系列改革举措的稳步推进，逐渐打破了传统体制中的条块分割格局，初步形成了以中心城市为依托的地域性经济网络，经济成分构成和经营方式也由单一走向多元，由封闭转向开放。

自中共十一届三中全会开始推行经济体制改革，到中共十二大提出“计划经济为主，市场调节为辅”的改革思路，我国经济领域的体制改革取得了很大进步。改革首先在农村地区取得成功，进而带动了城市经济领域的体制改革。改革使城乡经济生活展现前所未有的新面貌。国民经济“六五”计划中的工农业生产、交通运输、基本建设、国内外贸易、改善人民生活等任务指标均圆满完成。经济体制改革的阶段性成果又为下一时期的探索奠定基础。在这样的局面下，党和人民加快推进经济体制改革的愿望变得更加强烈。

二、“有计划商品经济”时期（1984—1991年）

上一阶段虽已开展了许多试验与探索，采取了一系列重大举措，开创了前所未有的经济活跃新局面，但是，旧体制的存在，依然严重阻碍着生产力的进一步发展，继续大力推动体制改革成为城市工商业发展的内在要求。

1984年10月，中共十二届三中全会通过了《关于经济体制改革的决定》。该决定指出“社会主义经济是公有制基础上的有计划的商品经济”，从而明确肯定了商品经济的充分发展是社会主义经济发展进程中不可逾越的阶段，也是实现经济现代化的必要条件。尽管该决定依然强调我国实行的是计划经济体制，即“有计划”的商品经济，但计划经济和商品经济不再是截然对立的。这就是对传统计划经济理论的重大突破，为全面的经济体制改革提供了重要的理论依据。

在这一时期，经济体制改革以城市为重点。城市的经济体制改革是一项复杂的系统工程，涉及社会经济、政治的各个方面，包括价格、市场、企业、金融、所有制等一系列制度领域的变革，乃至制度环境的演变。当然，其中最关键的还是国有企业领域的改革。

城市经济体制改革的起步期，主要是通过放权让利、利润留成等方式，试行企业经济责任制，扩大企业的自主经营权。在推行企业经济责任制的进程中，“以税代利”的改革逐渐得到全面推广，并以法律形式将国家与企业的利益分配关系加以明确，从而全面遏制了企业吃“大锅饭”的现象。但是，这项改革并未在产权、组织管理、人员激励方面实现大的突破。而且，这种单项、浅层次的改革并未触动旧体制中的本质性问题，不利于企业活力的充分发挥。

1988 年 2 月颁布的《全民所有制工业企业承包经营责任制条例》，推动了承包经营责任制的进一步完善。承包经营责任制以契约方式扩大了企业的经营自主权，深化了企业在市场中的利益主体地位，在国企制度变革进程中起到了积极作用。

为了全面配合国企制度改革，我国还在各领域推行了一系列以计划、价格和工资改革为核心任务的改革举措。政府在工农生产、交通运输、固定资产投资领域下放计划管理权限，缩小指令性计划的调控范围，扩大指导性计划和市场力量的调控范围。在价格、工资、财政管理、金融等领域，由于与宏观经济调控关系密切，也都推行了相应的改革举措。政府运用多种经济杠杆的组合，国家经济管理方式也由之前主要依靠行政手段的直接管理模式向综合运用经济、法律手段的间接管理模式转变。

在这一阶段，非国有经济迅速成长。城乡集体经济、外资、合资、联营、股份制经济和私营、个体经济等各种经济形式全面发展。1980—1991 年，河南工业部门中非国有企业产值的年均增长率高达 23. 8%，远高于国有经济 13. 4%的年均增长率。非国有经济成分在河南工业产出增长中所占份额也从 1980 年的 39. 3%提升到 1991 年的 58. 1%。

在城市大力推行有计划的商品经济的同时，在农村，农产品流通体制也逐步得以确立。1985 年 1 月，中共中央国务院发出《关于进一步活跃农村经济的十项政策》的文件。文件指出，打破集体经济中的“大锅饭”以后，农村的工作重点是进一步改革农业管理体制，改革农产品统购派购制度，在国家计划指导下扩大市场调节。文件决定，取消实行 32 年之久的农产品统购派购制度。这一历史性决策被称作继推行家庭联产承包经营责任制之后，农村经济领域的第二步重大改革。在紧锣密鼓地进行农业市场化改革的同时，中央又提出进一步搞活农村金融的要求，意欲将改革扩展到生产要素市场。中央出台了一系列促进农村商品经济发展的政策举措，如支持农民进入流通领域从业，推动地区间的横向流通，逐步形成农产品的全国统一大市场，开展多元化的融资形式。

从改革开放到 20 世纪 90 年代初期，河南城乡大地同样经历着从计划体制向市场体制过渡的社会大变革。引入市场机制，克服了计划体制的一系列弊端，为社会经济发展带来蓬勃生机。但与此同时，“市场失灵”问题也开始显现，这为下一阶段的改革指明了方向。

第三节　“三步走”战略

经历了“文化大革命”，粉碎“四人帮”后，全党和全国人民都心怀快速发展经济，缩小同发达国家差距的急切愿望。在这一时代背景下，中国共产党开始传统的计划经济体制作为改革的突破口，着力探索中国新时期实现社会主义现代化的具体路径，逐步形成了“三步走”的经济发展战略思想。

一、全面现代化目标

1979 年 3 月，邓小平同志提出了有关“中国式现代化”的新概念。他指出，“过去搞民主革命，要适合中国情况，走毛泽东同志开辟的农村包围城市的道路；现在搞经济建设，也要适合中国情况，走出一条中国式的现代化道路”。中国式现代化建设，意味着党对我国现代化目标的制定更加务实。中国式现代化目标，总体上仍偏重于经济发展和科技进步。从本质上讲，它只是“一个领域的现代化”，即经济现代化。但是，仅有经济现代化是不够的，还需要政治体制的现代化。为此，加强社会主义民主和精神文明建设的相关工作被提上议程。

1982 年 9 月，中共十二大召开，胡耀邦作了《全面开创社会主义现代化建设的新局面》的报告。报告提出，党在新的历史时期的总任务是“把我国建设成为高度文明、高度民主的社会主义国家”。1987 年 10 月召开的中共十三大上，我国的现代化目标进一步扩充为“把我国建设成为富强、民主、文明的社会主义现代化国家”。自此，我国的现代化目标正式由“农业、工业、国防和科学技术”的“四个现代化”，转变成“富强、民主、文明三位一体的全面现代化”。新目标的确立，将现代化的概念与内涵统一，明确地回答了社会主义初级阶段我国现代化建设的战略目标。

二、“三步走”的现代化战略步骤

全面现代化目标的实现，需要正确的、合乎实际的战略步骤。为此，邓小平同志立足我国社会主义初级阶段的现实国情，确立了“三步走”的现代化战略步骤。

1982 年 9 月，中共十二大依据邓小平的设想，把我国现代化的战略目标确定为，“从 1981 年到 20 世纪末的二十年，力争使全国工农业的总产值翻两番，即从 1980 年的 7100 亿元增加到 2000 年的 28000 亿元左右，人民的生活达到小康水平”。

中共十二大后，邓小平明确提出了“两步走”的战略构想，即“前十年打好基础，后十年高速发展”。在此基础上，邓小平进一步提出了“第三步”的战略构想。1987 年 4 月，邓小平对“三步走”的现代化战略做了完整阐释，即“第一步，是在八十年代翻一番，达到国民生产总值人均五百美元。第二步，是到本世纪末，再翻一番，达到人均国民生产总值一千美元。实现这个目标，意味着国民生产总值超过一万亿美元，意味着我们进入到小康社会。更重要的还是第三步，在下世纪用三十年到五十年再翻两番，大体上达到人均国民生产总值四千美元。到了这一步，中国就达到中等发达国家的水平”。

1987年10月，中共十三大正式将邓小平的“三步走”战略构想确立为新时期现代化建设的行动纲领。“三步走”战略构想，描绘了在社会主义初级阶段，我国由“温饱”“小康”向“现代化”阶段过渡的动态进程。这一战略目标与战略步骤的设定是科学的、合理的、务实的。

三、“三步走”战略构想的创新与价值

相比于中华人民共和国成立以来其他经济发展的战略构想，“三步走”的战略构想实现了一系列的重大突破，主要表现在以下方面。

一是“三步走”战略体现战略规划的长期性、前瞻性。在提出“三步走”战略之前，我国的发展战略涉及的时间跨度均较短。例如，中华人民共和国成立初期曾提出“三年恢复，十年经济发展”；1953年，在制定过渡时期总路线时提出“用十五年时间实现工业化”等。即使是对“四个现代化”战略中时间框架的表述，也仅为25年。而“三步走”的战略方案规划了未来70年的发展历程，战略目标更涉及中华人民共和国成立后的100年时间。这种长期计划有效地克服了之前政策的反复多变，有利于保证大政方针的长期稳定性。

二是整体方案更加符合中国国情，更具操作性。“三步走”战略对每个步骤所要达到的预期目标都提出了具体描述，从而使每个目标都清晰、明确。“三步走”战略以国民生产总值为发展目标和衡量尺度，易于操作实施和参照对比。

三是“三步走”战略确定的发展目标既体现中国特色，又符合国际通行标准。在此之前，我国的“四个现代化”战略目标采用的是工农业生产总值这一衡量指标，与国际通用的国民生产总值指标不具有通用可比性。而“三步走”战略使用了国民生产总值指标，采用美元作为计量单位，同时以其他发达国家、中等发达国家、发展中国家的情况作为参照对象。这表明，整个战略目标的设计不仅充分考虑了中国的实际国情，而且高度重视与国际接轨。

四是“三步走”战略更注重人民生活水平的改善。不同于之前的“工

业化”“四个现代化”目标，在“三步走”战略目标中，首次把人民生活水平的改善摆在了突出位置。例如，邓小平在关于解决温饱目标的描述中，强调人民生活“虽不富裕，但日子好过”，在“人民的物质生活好起来的同时，文化水平提高了，精神面貌会有大的变化”。这充分体现了邓小平对国民经济发展和社会主义制度优越性的坚定信念。

五是“三步走”战略的统筹设计和推行实施，是和经济体制改革紧密配合的。这套战略构想的顺利实施，离不开社会主义市场经济体制的建立，需要与我国全方位的经济体制改革协同推进。

四、“三步走”战略在河南的初步实施

1982 年 12 月，河南第五届人大五次会议批准《国民经济与社会发展“六五”计划》。“六五”计划，是河南省在“拨乱反正”后实施的第一个五年计划，是依据党中央提出的“三步走”战略进行部署制定的。

河南的“三步走”战略部署，第一步，以 1980 年为基数，使人均国民生产总值在 80 年代翻一番。纵观 20 世纪 80 年代的河南经济增长，这一目标已经顺利实现。1980—1990 年，河南人均国民生产总值从 316. 7 元增长到 1045. 2 元，按照可比价计算，1990 年的国民生产总值增长至 1980 年基点的 2. 2 倍，超额完成了在 20 世纪 80 年代实现国民生产总值翻一番的发展目标。总体国民生产总值从 229. 2 亿元增长至 895. 7 亿元，按照可比价计算，1990 年增长至 1980 年基点的 2. 5 倍，也顺利实现了翻一番的发展目标。

从“六五”计划开始，河南的经济计划中新增了社会发展的相关内容，计划的重点也相应地修改为“国民经济与社会发展计划”，此前的计划都仅仅是关于“国民经济发展”的计划。从“六五”计划的出台，“社会发展”逐渐得到广泛重视。1980—1990 年，河南的工业化和城市化进程继续发展，农业增加值比重从 47. 4%下降到 42. 4%，非农业增加值比重从 52. 6%上升到 57. 6%，第一产业劳动力比重从 81. 4%下降到 69. 5%，城镇人口比重从 12. 3%上升到 35. 7%。平均每千人医生数从 0. 74 人提高到

1.15 人。用于社会福利救济、抚恤事业、自然灾害救济的财政支出费用从 1985 年的 1.6 亿元增长到 1990 年的 2.2 亿元。

回顾“三步走”战略在河南的初步实施可以看到，20 世纪 80 年代的河南经济发展、社会建设均取得显著成效，不仅顺利完成了人均国民生产总值翻一番的经济发展目标，在社会建设方面也取得了令人瞩目的发展成就，实现了工业化、城市化、现代化程度的同步推进。

但在这一时期，由于新旧经济体制并行，两种体制之间的矛盾冲突也给国民经济发展带来了一些不和谐的“小插曲”。从 1986 年下半年开始，在河南乃至全国都出现了快速的通货膨胀。1987 年，零售物价总水平比上年上升了 19.4%，其中城镇零售物价指数的上涨幅度达 21.5%，农村零售物价指数也上涨了 18.1%。1988 年，零售物价总水平在 1987 年的基础上再次上涨了 18.7%，城镇零售物价指数的上涨幅度达 14.9%，农村零售物价指数上涨了 22.0%。幸而通货膨胀问题得到党中央的高度重视，在一系列经济紧缩政策的作用下，物价指数迅速企稳。1990 年，河南的零售物价指数仅比 1989 年增长了 0.7%，1991 年的增幅也仅为 2.3%。这表明，中央政府能够密切关注并有效遏制通货膨胀问题。

第四节　“速度与效益相统一”的经济增长战略

注重经济增长的质量与效益，是邓小平经济发展思想的重要内容。在“三步走”战略中，高度关注国民经济整体素质的提高，将经济增长中的速度与效益密切结合，这是中华人民共和国成立以来我国经济增长战略的根本性转变。

一、速度与效益统一观

在“发展才是硬道理”的影响下，中国的经济发展从追求“多与快”的思想中解放出来。1981 年 12 月，全国人大五届四次会议上通过的《政府工作报告》中首提“经济效益”问题。1987 年 10 月，中共十三大进一步将“效益”二字写入经济发展战略中，指出“必须坚定不移地贯彻执行注重效益、提高质量、协调发展、稳定增长的战略”。归根结底，就是强调国民经济要从以粗放经营为主，逐步转向以集约经营为主的增长模式。

为了真正将“速度与效益相统一”的经济增长观落到实处，在改革开放探索期，我国进行了两个阶段的体制改革。第一阶段的改革主要围绕资源配置领域中“计划与市场”的主次作用开展。第二阶段的改革致力于建立现代企业制度，大力推动所有制改革。改革有助于塑造适合市场经济发展要求的、真正意义上的微观主体，有效激活经济活力，提振经济效益，使中国创造了世界发展史上令人惊叹的速度神话。

二、经济高速增长

1978—1991 年，河南的经济增长速度喜人，国内生产总值的年均增长速度高达 9.8%。其中，工业总产值的年均增速更是达到 12.5%。在此期间，增长速度最高的是 1983 年，当年 GDP 同比增长 23.8%。在此期间，能够保持接近 10%的经济增长，在世界范围内都是极为罕见的。在这一时期，河南经济高速增长的动力可归结为以下五个方面。

（一）体制改革为经济高速增长提供了有利的宏观环境与微观基础

一是农业经营体制的改革为农村经济长期稳定增长奠定了坚实基础。农村家庭联产承包经营责任制的推广，使广大农民充分获得了生产经营权以及对剩余农产品的占有权和支配权，从而极大地激发了生产积极性。1978—1991 年，河南农业总产值年均增长 6.6%，明显高于 1950—1977 年的年均 5.0%的增长率。同时，农业增加值和农村家庭纯收入也实现了高速增长。1978—1991 年，农业增加值年均增长率为 6.5%，这是中华人民共和国成立以来的历史最高增速。农业增产使粮食问题得到基本解决，这又为下一阶段的改革创造了有利的宏观环境。二是所有制结构的多元化提高了竞争强度和市场效率。自从改革开放以来，河南的非公有制工业部门实现从无到有的发展，非公有制企业的产出在工业总产值中所占比重从1978年的0迅速提升到1991年的16.1%。20世纪80年代，乡镇工业的迅猛发展成为推动河南经济高速增长的动力源之一。进入90年代后，非公有制经济发展成为推动河南经济继续高速增长的强劲动力。非公有制企业的出现，增加了物资总供给规模，缓解了“经济短缺”，也有助于提高经济体系的整体效率。三是“放权让利”显著改善了国企效益。针对国有企业的承包经营制、股份制、价格双轨制，使企业得以在完成计划任务后，将新增产量按市场价或议价销售，这一举措极大地激发了国有部门的生产积极性。

（二）产业结构升级为经济增长提供了强劲动力

一是乡镇工业发展对工业化进程的巨大贡献。一方面，农村经济中的非农产业比重提升，大量剩余农业劳动力流向效率更高的工业、商业部门。另一方面，乡镇工业的发展纠正了“重工业畸重、轻工业畸轻”的失衡的工业结构，使轻工业获得成长空间，轻工业的迅猛增长反过来又带动了重工业部门的继续发展。二是使经济结构中的“瓶颈”问题得以缓解。在工业化初期及中期阶段，农业一直属于典型的“瓶颈”部门。当市场的调节作用充分发挥后，农民扩大了对农产品的供给，农产品短缺的“瓶颈”便消失了。同理，能源、交通等基础设施“瓶颈”的逐渐消失，也与搞活市场有关，市场的力量激励企业不断调整供给方向和技术结构，不断缓解工业化进程中的各种问题。

（三）消费需求的超常规增长，是经济高速增长的强大拉力

20世纪70年代末期，改革推动农村经济蓬勃发展，农民收入迅速提升。与此同时，随着城市工业的复兴与发展，城镇居民收入也有了显著改善。城乡居民收入的迅速增长，形成了大量有支付能力的需求。国民经济不再以积累为重心，一个以需求为主导的新时代来临。在这一阶段，河南出现了消费水平的超常规增长。1979—1991年，河南城镇居民消费水平一直保持着较高增长率。城镇居民人均消费支出从1979年的304.5元直线增

长至 1991 年的 1199. 9 元，增长了近 4 倍。农村居民消费水平的增速同样惊人，从 110. 8 元增长至 456. 7 元，增长了 4. 1 倍。河南城乡居民消费水平的逐年增长率数据见表 2-1。居民消费支出的爆发式增长，是诱导日用品市场发展和轻工业部门成长的强劲动力。

表 2-1　1979—1991 年河南城乡居民消费水平增长率

单位:%

年份	城镇居民消费支出增长率	农村居民消费支出增长率
1979	11. 1	35. 7
1980	10. 0	22. 3
1981	8. 4	22. 2
1982	5. 3	7. 4
1983	5. 9	10. 4
1984	6. 6	11. 9
1985	29. 0	18. 5
1986	17. 4	12. 4
1987	8. 8	6. 0
1988	26. 0	11. 9
1989	7. 5	12. 5
1990	10. 8	12. 2
1991	12. 4	3. 9

（四）高储蓄率为投资的高速增长奠定了牢固基础

由于国人有着重储蓄轻消费的传统理念，我国居民的储蓄率普遍偏高。随着居民收入水平的大幅攀升，居民储蓄率也进一步提升。1978 年之前，河南的资本积累率一般为 25%~30%。而 1978 年之后，积累率指标明显上升，一般年份都达到 35%以上。居民储蓄的高速增长为投资活动奠定重要基础。此外，企业在改革的激励下产生良好预期，这诱导投资不断扩大。高速增长的消费在客观上也刺激了投资。政府对能源、交通、通信等基础设施的投资，助力经济增长的“瓶颈”约束，也带动了投资。种种因素综合作用，形成了高消费、高储蓄、高投资之间的良性循环。河南 10 余年的高速增长过程，正是得益于这一良性循环机制。

（五）出口和利用外资的高增长是支持经济高速增长的另一动力

自从改革开放以来，河南经济的外贸依存度连续提升。1978—1991年，河南经济的出口依存度从 1.05%上升到 5.29%。进口依存度也从 0.16%上升到 0.87%。出口创汇和招商引资对经济保持高速增长的重要作用，主要体现在以下方面。一是出口的高增长带来大量外汇，使河南得到引进国外先进技术和设备的机会，从而加快工业化进程。1979—1991 年，河南出口总额年均增长 21.2%；进出口形成的顺差，由 1978 年的 8619 万美元增长至 1991 年的 8.71 亿美元，这为推动河南经济高速增长做出了巨大贡献。二是自 20 世纪 80 年代中期开始，外商直接投资为经济高速增长做出了重要贡献。投向河南的外商和港澳台资本，从 1985 年的 6870 万美元增长至 1991 年的 1.3 亿美元。外商直接投资弥补了国内资金的不足，同时提高了市场竞争水平，还带来了技术溢出，发挥了示范效应，从而带动经济的迅速成长。

三、速度与效益难兼顾：经济粗放式增长

在改革开放探索期，河南经济在各方有利因素的综合作用下出现了高速增长。但“速度与效益相统一”的增长观仍未完全实现。总体来看，1978—1991 年，河南的经济增长仍属于简单的数量扩张模式，粗放式增长并未得到根本扭转。这种增长主要表现在以下方面。

一是较高的通货膨胀率。1978—1991 年，河南商品零售物价指数年均上涨 4.9%。其中，1988—1989 年和 1993—1994 年分别达到了 19.7%和 18.7%。以 1988 年为例，上半年物价指数一路攀升，零售物价总指数在 7 月已接近 26.7%，全年的零售物价总指数也达到了 18.7%。产生于这一时期的高通货膨胀率，主要来自以下因素：社会总需求迅猛增长，远远超过了社会总供给规模；工农业生产比例关系严重失调，农业生产难以支撑迅速扩张的工业规模；工业发展与基础设施建设的比例关系严重失调，能

源、交通、原材料的供应能力无法支撑庞大的加工工业。

二是经济增长的波动幅度较大。由表 2-2 可知，1978—1991 年，河南的经济增长过程始终伴随着较大波幅。1978—1982 年为波浪式下降阶段，GDP 增长率从 1978 年的 11.3%跌至 1982 年的 4.3%。1983 年出现急剧上升，跃升至 23.8%。1984 年开始遏制经济过热势头，财政、金融的双紧政策使经济增速下降。截至 1986 年，GDP 增长率已逐步回落至 4.6%。1987 年，出现了新一轮的经济过热，GDP 增速达到 15.0%。1988 年底，河南开始进行第二轮的治理整顿，经济增长速度再度大幅下降，由 1988 年的 9.8%下降到 1989 年的 4.4%。经历了两年的低速增长和市场疲软后，1991 年，经济开始企稳复苏，GDP 增速达到 6.9%。

表 2-2　1978—1991 年河南省 GDP 增长率

单位:%

	1978 年	1979 年	1980 年	1981 年	1982 年	1983 年	1984 年
GDP 增长率	11.3	8.7	15.4	7.8	4.3	23.8	10.1
	1985 年	1986 年	1987 年	1988 年	1989 年	1990 年	1991 年
GDP 增长率	13.5	4.6	15.0	9.8	4.4	4.5	6.9

三是经济增长的质量和效益有待提高。这一时期经济增长的动力主要来自改革推动和投资拉动。在生产建设、贸易流通领域，仍普遍存在高消耗、高投入、低效率、低产出的现象。一些企业在生产运营过程中存在过高的物质消耗，不注重成本控制。据估计，这一时期河南工业企业的能源利用效率约为 30%，比国际水平低了近 10 个百分点。主要用能产品单位的产品能耗也比国际水平高出 25%~95%。

依靠大量物资、能源的消费虽然能够推动经济的高速增长，但也使经济增长付出了巨大代价。1991 年，在河南全部独立核算的工业企业中，盈利企业的利润总额为 39.4 亿元，而亏损企业的亏损总额也高达 27.2 亿元，亏损企业数占企业总数的比例达到 16.0%。在改革开放探索期，河南经济增长的以上特征说明，快速增长已不是难题，如何保证经济增长的质量和效益才是最大的难题。

第五节　市场化改革时期的工业化战略

传统农业与现代工业并存、落后的手工业生产与先进的机械大生产并存，这种多层并存的二元经济结构，是社会主义初级阶段河南工业化的现实写照。为此，在改革开放探索期，河南工业化战略的重心，就是借助市场化的力量，坚决地、逐步地扭转各种严重失调的比例关系。

一、由片面发展重工业向产业结构协调发展转变

由于我国工业、农业及国民经济其他部门的比例关系长期严重失调，大大降低了经济建设的效益。同时，工业部门“大而全、小而全”的现象非常普遍，重复建设问题亟待改善。为了缓解上述问题，1979 年 4 月，党中央召开工作会议，提出对国民经济实行“调整、改革、整顿、提高”的“新八字方针”，这标志着中国工业化的重大调整正式拉开帷幕。

1979 年 5 月，国务院下达了 1979 年国民经济计划。工业总产值由原定的增长 10%～12%下降为计划增长 8%。其中，轻工业产值计划增长 8.3%，重工业产值计划增长 7.6%。在主要工业品产量计划中，煤炭产量由 6.58 亿吨下降为 6.2 亿吨，钢产量由 3400 万吨下降为 3200 万吨。1980 年 1 月，国务院决定对轻工业实行“六个优先”的原则，即从原材料供给、能源供应、基本建设与技术改造、银行贷款、分配外汇和技术引进六个方面，照顾和支持轻工业的发展。

轻工业优先增长战略在河南的贯彻实施，使河南工业经济的内部比例关系产生明显变化。由表 2-3 可知，1978 年，河南轻工业、重工业的产值比为 46∶54。到 1982 年，轻工业、重工业的产值比变为 55.4∶44.6。短短 4 年，轻工业在工业体系中的比重上升了近 10 个百分点。与此同时，国民经济中各种比例关系严重失调的局面得到一定程度的扭转，这为之后河南工业化建设的持续、健康、快速发展创造了良好条件。

然而，轻工业部门的较快发展又暴露能源工业的“瓶颈”制约。为了大力发展“瓶颈”产业，河南配合中央的战略定位，将工业发展的重心再次向能源、原材料领域转移。1983 年之后，河南加大对能源、交通、原材料工业的投资力度。河南煤炭工业的开发建设以京广线以西、伏牛山以北的豫西、豫北以及豫东的永夏矿区为基地，重点建设平顶山、郑州、鹤壁、焦作、义马、禹州、永夏七大矿区，年生产能力达到 6000 万吨以上。电力工业也充分结合河南的资源优势，建设了姚孟电厂、焦作电厂、首阳山电厂，形成了以火电为主、水火并举的电力发展格局。

能源工业的大发展直接导致河南重工业部门的基本建设投资依然高企，导致这一阶段河南的工业结构调整未达到预期目的。总体来看，轻工业在工业体系中所占比重在 1982 年达到峰值之后，又开始逐年回落，到 1991 年，轻工业、重工业之比为 45.6∶54.4，重回 1978 年的水平。

表 2-3　1979—1991 年河南轻工业、重工业占比情况

单位:%

年份	轻工业产值/工业总产值	重工业产值/工业总产值
1979	46.0	54.0
1980	47.1	52.9
1981	51.1	48.9
1982	55.4	44.6
1983	52.9	47.1
1984	50.0	50.0
1985	48.8	51.2
1986	48.1	51.9
1987	46.8	53.2
1988	46.6	53.4
1989	46.4	53.6
1990	45.7	54.3
1991	45.6	54.4

二、推动农村工业化，走城乡融合的工业化道路

1984 年，党中央发布《关于 1984 年农村工作的通知》，该通知指出："农村非农产业的发展是一个必然的历史性进步"。由此可见，党中央对于城乡关系、工农关系的认识有了新变化。把农村繁荣、农民富裕看作我国现代化事业的根本目的之一。不再单纯从工业化建设的角度来对待农业问题。不再强调农村服务城市需要的这一基本属性，而是认识到"不首先关心和切实解决八亿农民的温饱和富裕问题，只考虑向他们多购取城市所需的各种农副产品"的行为，是"杀鸡取卵、竭泽而渔"，根本谈不上"整个现代化建设事业的发展"。这意味着，党对于农业重要性的认识已从"工具层面"上升到"目标层面"。

认识层面的转变带来中国农村工业化的发展起步。在农村，出现大量乡镇企业。这类企业结合当地实际，就地取材，吸纳农业剩余劳动力，在二元体制的传统格局下开辟了一条农村工业化的新路子。在工农业二元结构的两大板块之间，又诞生了一种新的形式：乡镇企业，它为工农业两大板块的融合发展提供了有利条件。

1985 年 9 月，党中央把发展乡镇企业纳入国民经济的整体发展战略中，并针对乡镇企业，制定了"积极扶持、合理规划、正确引导、加强管理"的发展方针，农村工业化由此步入一个飞速发展的崭新时代。

乡镇企业是一个综合性的特殊群体。从所有制角度来看，最初的乡镇企业包括乡镇办、村（村民小组）办、联户（合伙）办和户（个体私营）办四种。后来，在我国经济体制改革的深化进程中，又陆续出现了股份合作制办、股份制办、中外合资、合作办等多种形式。乡镇企业以中小型为主，主要从事轻工业、农业和第三产业，使农、轻、重之间的比例关系逐步趋向协调。在这一时期，国家层面出台了许多鼓励乡镇企业发展的政策法规。例如，突破就地取材、就地生产、就地销售的"三就地"的政策限制，鼓励乡镇企业跨行业和跨行政区划，内引外联，拓宽运营空间。推行户籍制度改革，允许农民进入城镇从事非农产业；鼓励农民发展农产品加

工业；在农村大力扶持农副产品加工业以外的商业、建筑业、运输业、服务业等部门；给予金融、税收、科技政策支持等。

在政策利好的作用下，从 20 世纪 80 年代中后期开始，乡镇企业异军突起，成为这一时期农村经济改革的显著成果之一。以乡村工业为例，1991 年，河南乡村工业数量达到 3.4 万户，实现工业总产值 137.0 亿元，占当年河南工业总产值的 11.2%。1991 年，乡村工业企业向国家缴纳税金 3.3 亿元，占同期河南财政收入总额的 3.6%。乡镇企业极大地缓解了农村的就业压力。到 1991 年，被乡镇企业吸纳的农村劳动力人口已达 123.7 万人，占河南工业部门从业总人数的 19.1%。乡镇企业深刻地改变了农村经济单纯依靠农业发展的格局，也为农业适度规模经营创造了条件。

在河南这样的农业大省，农村的工业化、现代化进程，需要大量的基础设施建设和资金、技术投入，单纯依靠国家财政和城市支援是远远不够的。乡镇企业的异军突起，为农村工业化、现代化提供了重要的资金积累，开创了城乡工业协调互动的新格局。

三、走与市场化互动的工业化道路

在改革开放探索期，河南以市场经济强大的资源配置能力为依托，走出了一条飞速成长的工业化道路。主要工业品的生产均实现了产量大幅增长，并沿着质量逐步提高的方向继续迈进。在这一时期，河南工业化与市场化的互动主要体现在以下方面。

一是在市场化进程中推进工业化建设。纵观全球的工业化历程，工业化与市场化总是形影相随。市场化带来的资源合理配置是工业化发展的动力之源。中国市场化改革的成功，正是由于认识和处理好了社会主义市场化与工业化的关系的原因。1987 年 10 月，中共十三大指出：“在社会主义初级阶段，发展社会生产力所要解决的历史课题，是实现工业化和生产的商品化、社会化、现代化。”这表明，中国共产党开始意识到，将工业化的推进融入市场化进程中，开始探索以经济市场化推进社会主义工业化的新路径。自 1978 年以来，河南从传统计划体制向市场化体制转型，确保了有限资源被配置到高效的产业部门，从而有力地促进了河南工业化向“效益型”和“开放性”的方向转化。

二是坚持以公有制为主体的多种所有制经济共同发展。依照邓小平提出的“以公有制为主体，允许和鼓励个体、私营、外资经济等多种所有制经济共同发展”的发展思路，1978—1991 年，河南国营工业占工业总产值的比重由 74.0%下降到 53.2%，下降了约 20 个百分点。集体工业由 26.0%上升到 33.8%，个体工业由 0 上升到 12.3%。主要由“三资”企业组成的其他经济类型工业也由 0 上升到 0.7%（见表 2-4）。由此，河南的工业发展逐步消除了所有制结构不合理导致的对生产力的羁绊。

表 2-4　1978—1991 年河南按经济类型分的工业总产值构成

单位：%

年份	国有工业	集体工业	城乡个体工业	其他经济类型工业
1978	74.0	26.0	0	0
1979	75.7	24.3	0	0
1980	74.5	25.4	0	0
1981	75.3	24.6	0	0
1982	75.0	24.9	0.1	0
1983	74.2	25.7	0.1	0
1984	71.3	28.5	0.2	0
1985	65.8	30.7	3.5	0.1
1986	61.3	32.2	6.3	0.1
1987	59.0	32.4	8.4	0.1
1988	57.2	33.3	9.3	0.2
1989	56.3	34.1	9.4	0.3
1990	55.2	34.6	9.8	0.4
1991	53.2	33.8	12.3	0.7

三是充分利用国际、国内两种资源和两个市场，加快工业化建设。为了与国内的市场化改革相适应，邓小平提出了“中国的发展离不开世界”的对外开放思想。在相关政策的大力推动下，1978—1991 年，河南进出口

总额从 1. 2 亿美元增长到 12. 2 亿美元。进出口顺差从 8619 万美元增长到 8. 7 亿美元。1985—1991 年，河南引进外商及港澳台投资企业的数量逐年增长，从 29 家增长到 154 家，引进投资额从 6870 万美元增长到 12. 7 亿美元。外资、外贸领域发展的新途径，打破了河南长期以来封闭的传统工业化模式，推动着河南工业化进程与世界市场的接轨和互动。

四、市场化改革时期河南的工业化成就

1978—1991 年，河南工业化战略全面调整。工业化发展从急于求成、追求高速度，转变为“经济增长指标宽松、留有余地”；从优先发展重工业转变为“农业、轻工业、重工业梯度发展”。河南工业化在这一时期取得的重大成就主要体现在以下方面。

一是工业基本建设和技术改造继续取得重大进展，工业物资技术基础大为增强，生产能力大幅增长。1978 年，河南工业固定资产投资为 13. 6 亿元，到 1991 年增长到 56. 9 亿元。工业人均固定资产原值由 0. 9 万元增长至 3. 1 万元。基本建设投资总额由 19. 8 亿元增长到 79. 7 亿元。相较于“五五”计划时期，“七五”计划期间的工业固定资产投资和工业基本建设投资额均有近 2 倍的净增长（见表 2-5）。据估计，到 1991 年，河南工业总体的装备水平与世界发达国家的差距已缩短到 10~15 年。

表 2-5　三个时期河南工业固定资产投资及基本建设投资情况

单位：亿元

时期分布	工业固定资产投资额	工业基本建设投资额
“五五”时期 1978—1980 年	54. 18	87. 76
“六五”时期 1981—1985 年	71. 56	120. 99
“七五”时期 1986—1990 年	160. 14	236. 14

伴随着基本建设和更新改造方面的投资增长，新增的工业固定资产和生产能力均有大幅提升。仅 1991 年，河南建设投资新增煤炭开采能力 110 万吨，发电机组容量 53. 6 万千瓦，石油开采 1542. 5 万吨，架设 11 万伏的

输电线路723.2公里，新建及改建公路交付营运里程146.4公里。此外，通过更新改造，当年新增11.3万吨合成氮年产能，12.6万吨酒类年产能，以及棉纺锭8.5万锭和毛纺锭3800锭。在此期间，有一大批大中型生产项目经历了技术改造。如焦作电厂一号炉经改造后，每年可多发电5000万千瓦时，并可减少点火用油240吨，经济效益显著提高。

二是工业总产值和工业主要产品的产量保持高速增长。到1991年，按可比价计算，河南的工业总产值达到1978年的3.6倍。在此期间，工业总产值以年均12.5%的速度递增，远高于同期我国GDP年均9.8%的增长水平。在此期间，多数工业品产量都有了大的增长。其中，发电量、钢材、水泥、纯碱、乙烯、塑料、发电设备和汽车以及家电耐用消费品继续保持了高速增长态势，这是河南工业发展史上一个具有里程碑意义的重要转变。

三是随着工业产量的大幅增长，一些主要工业产品的技术含量和附加值有所提升。表2-6显示，1978—1991年，河南出口产品的结构发生显著变化。其中，粮油食品类、纺织丝绸类、土畜产类初级品出口占出口商品总额的比重由91.2%下降到72.6%，下降了近20个百分点。相应地，这些下降的份额由五金矿物制品、轻工业制品、机械制品、化工医药制品等加工制成品出口份额的提升来填补。

表2-6　河南省1978年、1985年及1991年出口产品结构的变化

类别	1978年（万美元）	各类商品所占比例（%）	1985年（万美元）	各类商品所占比例（%）	1991年（万美元）	各类商品所占比例（%）
出口总额	10231	—	36710	—	104297	—
粮油食品类	5108	49.9	7865	21.4	18017	17.3
纺织丝绸类	2643	25.8	13903	37.9	33991	32.6
土畜产类	1581	15.5	6652	18.1	23626	22.7
轻工类	501	4.9	2439	6.6	9980	9.6
化工医药类	25	0.2	2008	5.5	2720	2.6
五金矿产类	264	2.6	2580	7.0	10369	9.9
机械类	109	1.1	1263	3.4	5197	5.0

总体而言，1978—1991 年，河南工业发展取得了卓越成效。工业部门在这一阶段的快速增长，是推动国民生产总值提前 5 年达到原定于 2000 年实现的翻两番目标的首要因素。在这一时期，河南整个工业体系的生产规模、技术和主要产品的国际竞争力都有了质的飞跃。更重要的是，在工业化的实践过程中，人们坚定了对经济体制的改革思路，确定了建设社会主义市场经济体制的宏伟目标，为河南进一步迈向高级工业化阶段提供了制度层面的有力保障。

第六节　以推行家庭联产承包责任制为核心的“三农”发展战略

以推行家庭联产承包责任制为核心的“三农”发展战略，拉开了中国改革开放新时代的帷幕。

一、家庭联产承包责任制的确立

从最早的“包产到户”“包干到户”，到中共十一届三中全会后的家庭联产承包责任制，这期间经历了一系列的艰难历程。

改革开放前，“包产到户”被扣上“走资本主义道路”的帽子而受到压制。1978 年 10 月，安徽省凤阳县小岗村小岗生产队冒着风险，私下实行“大包干”。随后的粮食收成验证了这次冒险行动是“值得的”。当年小岗队的粮食总产量达 6 万多公斤，相当于 1955—1970 年当地粮食产量的总和，并第一次向国家上交了 12488 公斤公粮。自此，农村改革拉开了序幕。

当时，社会上也曾对 1978 年秋兴起的“包干到户”和“包产到户”有过争议。面对争议，1980 年 9 月，中央下发《关于进一步加强和完善农业生产责任制的几个问题》，指出“在那些边远地区和贫困落后的地区，长期吃粮靠返销，生产靠贷款，生活靠救济的生产队……可以包产到户，也可以包干到户，并在一个较长的时间内保持稳定”。中央文件的肯定，使“包产到户”很快突破了在“三靠”地区的推广，各地农村都开始竞相实施这一新政策，很快形成燎原之势。到 1983 年初，全国农村实行“包产到户”“包干到户”的生产队占比达 93%。

自此，农村家庭承包经营制度正式确立。在家庭联产承包责任制中，土地承包分为包干制和包产制两种形式。包干制为“缴够国家的，留足集体的，剩下全是自己的”。包产制是根据产量记工分，最后按工分分配。所谓联产，即以劳动产品的最终产量和质量作为衡量劳动报酬的主要依据。所谓承包，是指通过承包合同，将集体所有的土地等主要生产资料，按照某种分配办法交给农户去经营使用。

二、家庭承包经营引发的一系列制度创新

家庭承包经营制转变了农业经营机制，重构了农户家庭经济，并引发了一系列深层次的制度创新。

首先，形成了以按劳分配为主、多种分配方式并存的分配制度。农户的劳动成果与分配收入直接挂钩，充分体现了按劳分配的基本原则。农户在扩大再生产时追加的农业机械等生产资料，种田大户雇用的其他农民，这些农业生产投入中增加的资金、科学技术、劳动力类生产要素，由此形成了以按劳分配为主、多种分配方式并存的社会主义初级阶段分配制度。

其次，奠定了一部分人先富起来并最终走向共同富裕的制度基础。在这项富民政策的鼓励和推动下，各地农村涌现一批富甲一方的农业专业承包大户、从事多种经营的专业户和经营工商业的农民企业家，他们成为发展农村商品经济的带头人。

再次，家庭承包经营对农村市场机制的形成和完善起到了重要的促进作用。农业生产得到长足发展，剩余产品越来越多，商品交易的规模也越来越大，这促进了农村市场的迅速繁荣，市场的基础性作用日益加强。

最后，培育了“专业户”等多种农村经济成分。农村“能人”向生产专业化方向发展，涌现一批种植、养殖“专业户”。不少合作经济组织对商品性较强的种养业、手工业采取了专业承包的办法，于是出现了“承包

专业户”。允许农户购置生产资料，经营家庭工业和个体商业、服务业，又产生了各种“自营专业户”。多种经济成分的并存格局逐渐成型。

三、五份中央文件体现的“三农”政策转变

1979 年 9 月，中共十一届四中全会正式通过了《中共中央关于加快农业发展若干问题的决定》，该决定指出“农业是国民经济的基础”，并进行了农业现代化的部署。该决定还规定了农村经济体制改革的基本路线、指导方针和实施原则，具有深远的指导意义。

1982—1986 年，党中央连续发布了五份以“三农”为主题的中央文件，五份中央文件推动着家庭联产承包责任制从确立到发展完善，构建起以“放活”为根本内核的新的“三农”政策框架体系。

1982 年元旦，中央发布文件《全国农村工作会议纪要》，明确指出，“包产到户”“包干到户”或大包干“都是社会主义生产责任制”。

1983 年元旦，中央文件《当前农村经济政策的若干问题》出台。文件高度赞扬“包产到户”，指出它是“马克思主义农业合作化理论在我国实践中的新发展”。

1984 年元旦，中央文件《关于 1984 年农村工作的通知》出台。文件强调要继续稳定和完善联产承包责任制，规定土地承包期一般应在 15 年以上。文件还要求调整农村产业结构，允许农民经商，发展社队企业。自此，中国农村出现“乡镇企业”这一新名词。

1985 年元旦，中央文件《关于进一步活跃农村经济的十项政策》出台。这份文件标志着始于中共十一届三中全会、以建立农村家庭联产承包责任制为中心的农村改革已基本结束。进一步促进农村产业结构合理化、全面发展农村商品生产的改革新阶段即将启动。

1986 年元旦，中央文件《关于 1986 年农村工作的部署》出台。文件强调“要进一步摆正农业在国民经济中的地位”。并指出：“农村中出现的一些新问题，只有在深化改革的过程中才能加以解决。”

四、以推行家庭联产承包责任制为核心的“三农”政策实施绩效

家庭联产承包责任制的推行，是中国历史上农地制度变迁的成功典范，其积极作用主要体现在以下方面。

一是激发了农民的生产积极性，创造了农业部门的发展奇迹。1978—1991 年，河南农业总产值由 1978 年的 95.4 亿元增加到 1984 年的 531.1 亿元。农业总产值年均增长率为 6.6%，明显高于 1950—1977 年年均 5.0% 的增长率。粮食产量从 2097.4 万吨增加到 3010.3 万吨，增长了 43.5%。单位土地面积的粮食产量从 154 公斤/亩增长到 222 公斤/亩，增长了 44.2%，单位劳动力的粮食产量从 299.1 公斤/人增长到 345.8 公斤/人，增长了 15.6%。此举彻底打破了粮食短缺的局面，创造了河南农业史上的光辉一页。在此期间，河南农民人均纯收入的增速同样惊人，从 104.7 元增长到 539.3 元，年均增长 13.5%，成为河南历史上农民收入增长最快的时期。而这一切成就，在很大程度上应归功于家庭联产承包责任改革。根据相关学者的实证测算，1979—1984 年，家庭联产承包责任制改革对农作物产值增长的贡献率达到 46.9%。

二是促进了人民公社“政社合一”体制的解体，使早已固化的城乡二元结构失去了微观组织基础。人民公社具有“政社合一”的性质，实际上控制着土地与劳动力这两大基本生产要素。在这种体制下，公社、大队可以任意干预农民的生产经营活动，一些胡乱指挥现象甚至严重束缚了农民的生产自由和农村商品经济的发展。家庭联产承包责任制的普遍推行，使人民公社这种“政社合一”的政治体制失去了存在的基础。到 1984 年底，全国 99%的公社已改为乡，成立了乡人民政府。绝大多数的生产大队改为村，建立了村民委员会。农村地区性的合作经济组织陆续兴建，被称为农业合作社、农村经济联合会或农工商公司等。政社分开使农村经济工作开始按照一般经济规律来运行。

三是为逐步打破二元结构，奠定了经济基础和制度基础。家庭联产承包责任制的实行，使农户重新获得了财产所有权。财产制度领域的深刻变革，孕育出两个充满生机的市场主体：农户家庭和乡镇企业。这两个新兴市场主体的发展，为打破二元经济社会结构奠定了基础。

第七节　离土不离乡：乡村文明主导下的城镇化战略

改革开放之前，河南的城镇化进程基本处于停滞状态。1949 年中华人民共和国成立之初，河南城镇化率为 7.4%，经过“一化三改”“十年建设”，到 1966 年，河南城镇化率才达到 7.9%。而在十年“文化大革命”后，1976 年河南的城镇化率仅为 7.8%。中共十一届三中全会为河南的城镇化发展带来契机，开启了河南乡村文明主导下的城镇化战略。1978—1991 年，河南城镇化率由 8.1%增长到 13.1%，实现了城镇化的恢复与发展。

一、城镇化建设的政策导向

城镇化是农村经济发展到一定阶段的产物。中国特色的城镇化道路，就是要把城市的资金、技术、设施、产业和生产、生活方式向农村逐步延伸。承接这个延伸的就是作为“城尾乡首”和农村经济、政治、文化中心的小城镇。

（一）积极发展小城镇，推动城乡一体化发展

改革开放以来，中央非常重视小城镇建设。1980 年 10 月，全国城市规划工作会议明确了“控制大城市规模，合理发展中等城市，积极发展小城市”的城镇化基本方针。到 1984 年 10 月，全国共有建制镇 5698 个。比起在 1983 年的 2730 个建制镇在数量上增加了 108.7%。

1984 年 11 月，国务院发布了《关于调整建镇标准的报告》。该报告放宽了建镇标准，规定“凡县级地方国家机关所在地，均应设置镇的建制；

总人口在 2 万人以下的乡，乡政府驻地非农业人口超过 2000 人的，可以建镇；总人口在 2 万人以上的乡，乡政府驻地非农业人口占全乡人口 10%以上的，也可以建镇；少数民族地区、人口稀少的边远地区、山区和小型工矿区、小港口、风景旅游、边境口岸等地，非农业人口虽不足 2000 人，如确有必要，也可设置镇的建制”。在政策的大力支持下，到 1988 年，全国建制镇进一步增加到 10609 个。

为了配合农村城镇化的建设步伐，中央在这一时期放宽了对农民进入城镇的限制。1984 年 10 月，国务院发布了《关于农民进入集镇落户问题的通知》。该通知规定，“凡申请到集镇务工、经商、办服务业的农民和家属，在集镇有固定住所，有经营能力，或在乡镇企事业单位长期务工的，公安部门准予落常住户口，发给自理口粮户口簿，统计为非农业人口”。这意味着我国过去长期实行的、严格的城乡隔绝管理体制开始转变。截至 1988 年，全国小城镇累计吸纳农村富余劳动力 2700 万人，占同期农村劳动力转移总量的 53. 6%。至此，农村剩余劳动力开始以每年约 1000 万人的速度向城镇快速转移。

（二）发展乡镇企业，转移农村劳动力

1981 年 10 月，中共中央发布《关于广开门路，搞活经济，解决城镇就业问题的若干规定》，鼓励“在集体经济和个体经济领域发展就业，吸纳劳动力”。1983 年 4 月，国务院发布《关于城镇劳动者合作经营的若干规定》，在政策层面进一步明确了促进了个体经济、集体经济发展，以及鼓励从业人员向城镇有序流动的发展导向。

在以乡村文明为主导的农村城镇化阶段，乡镇企业成为拉动农村城镇化进程的强大动力。乡镇企业依傍小城镇建厂，农村工业向小城镇集中。产业结构变化促使作为乡镇企业空间载体的小城镇迅速成长，开辟了中国城乡二元格局下城镇化发展的新路径。1987 年，全国乡镇企业从业人数达 8805 万人，产值达 4764 亿元，占农村社会总产值的 50. 5%，第一次超过了农业总产值，这是历史性的突破。1987 年 1 月，中共中央发布《把农村

改革引向深入》，文件指出，乡镇企业的发展“要鼓励‘四轮驱动’，即乡办、村办、户办和联办一起上”。截至1991年底，全国乡镇企业拥有职工9300万人，占农村劳动力的22%，总产值1.1万亿元，占全国社会总产值的60%。可以说，乡镇企业已成为促进农业现代化发展的重要保障，以乡镇企业为依托的新兴小城镇也成为我国城镇化进程的重要依托。

二、城镇化进程中的农业剩余劳动力转移

在改革开放探索期，家庭联产承包责任制极大地提升了农业劳动生产率，也使计划经济体制下被长期“隐性化”了的农业剩余劳动力问题日渐显性化，这部分农业剩余劳动力开始向非农产业和城镇转移。

（一）向农业内部纵深发展转移阶段（1978—1983年）

为了卸下计划经济留下的沉重包袱，1982年12月《全国农村工作会议纪要》明确指出，“建立起一个多种经营综合发展的合理的生产结构，实行合理的社会分工，才能吸收农村大量劳动力为社会创造财富”。这意味着鼓励农村剩余劳动力在一定程度上向大农业的内部纵深发展，鼓励和引导开展农业多样化生产经营，进行农村剩余劳动力的就地转移。

在这一阶段，农村劳动力主要通过发展农业多种经营而得到相对充分的利用。一方面，向农业内部深度开发，进行“精耕细作”。另一方面，向农业的广度进军，从事农林牧副渔各业，发展各种“专业户”，充分利用家庭剩余劳动力。据统计，1978—1983年，河南第一产业劳动力占乡村劳动力的比重从94.9%下降到84.9%（见表2-7），这说明有大量农业劳动力实现了向农业内部多种经营的转移。

表2-7 1978—1991年河南农业剩余劳动力转移情况

年份	从业人员（万人）	乡村从业人员（万人）	第一产业从业人员（万人）	第一产业劳动力占乡村劳动力的比重（%）
1978	2807	2384	2262	94.9
1979	2873	2429	2366	97.4

续表

年份	从业人员（万人）	乡村从业人员（万人）	第一产业从业人员（万人）	第一产业劳动力占乡村劳动力的比重（%）
1980	2929	2460	2378	96.7
1981	3039	2531	2470	97.6
1982	3146	2630	2530	96.2
1983	3289	2747	2598	94.6
1984	3346	2772	2578	93.0
1985	3520	2893	2571	88.9
1986	3598	2949	2574	87.3
1987	3782	3096	2596	83.9
1988	3916	3212	2648	82.4
1989	3943	3226	2719	84.3
1990	4086	3359	2833	84.3
1991	4216	3442	2921	84.9

1978—1983年，国家政策鼓励通过开展农业生产的多样化经营，来实现农村剩余劳动力在大农业内部的分流转移。但是，迫于城镇的就业压力，当时的政策严格限制农村剩余劳动力进入城镇就业和向城市流动。1980年8月，中共中央发布《关于进一步做好城镇劳动就业工作的意见》，指出“要清退来自农村的计划外用工，控制农村人口盲目流入大城市……需从农村招工的，要从严控制，须经省（市、自治区）人民政府批准”。

在这一时期，党中央严格限制农村剩余劳动力进城就业，虽然在一定程度上制约了农村剩余劳动力的转移空间。但是，这一政策立足于当时的国情，符合循序渐进的规律要求。

（二）高速转移和跨区域流动阶段（1984—1988年）

1984年3月，中共中央、国务院发布《关于开创社队企业新局面的报告》，再次强调“乡镇企业的发展，有利于妥善安排不断出现的多余劳力”。在政策推动下，乡镇企业成为吸纳农村富余劳动力的“蓄水池”，这一时期也成为农村劳动力实现就地转移的“黄金时期”。1984—1988年，是自改革开放以来，河南农村劳动力转移的第一个高潮阶段。河南第一产业劳动力占乡村劳动力总数的比重，从 1984 年的 93.0%下降到 1988 年的 82.4%。

这一时期也打开了人口跨地区流动的新渠道。一方面，城市经济的进一步发展，使城镇对劳动力资源的需求增加，为农民进城创造了条件。另一方面，多种经营成为主要增长点，地区间收入差距逐渐拉大，跨地区流动受到明显的利益驱动。在这一阶段，东部发达地区大量农民转入第二、三产业就业，中西部地区的一些农民，也由近及远地探索向外扩展的就业方式。

为顺应经济形势的新变化，党和政府开始放松对农村剩余劳动力的流动限制，逐步允许甚至鼓励农村剩余劳动力进城就业。1984 年元旦，国务院发布《关于 1984 年农村工作的通知》，提出“允许农村劳动力自筹资金、自理口粮，进入城镇务工经商”。在 1985 年的中央一号文件中，政策进一步松动，开始“允许农民进城开店设坊，兴办服务业，提供各种劳务……各地要有领导地组织劳务输出”。这使河南农村剩余劳动力进入跨区域快速转移的新时期。

（三）严厉控制农村剩余劳动力向城市盲目流动（1989—1991 年）

由于经济发展过热，20 世纪 80 年代中期，我国出现了严重的通货膨胀。从 1988 年下半年开始，党中央积极应对。在为期 3 年的治理整顿期间，国家采取了压缩基本建设投资、加强财税和信贷控制等措施，这导致国民经济增长速度明显放缓，相当一部分城市工业和乡镇企业开工不足，农村剩余劳动力的转移空间开始缩小。为缓解城镇就业压力，自 1989 年起，党中央调整农村剩余劳动力转移政策，开始严厉控制农村剩余劳动力向城市的盲目流动。1989 年 4 月，民政部、公安部联合发布《关于进一步做好控制民工盲目外流的通知》。该通知指出，“要严格控制民工盲目外流”“严格控制‘农转非’过快增长”。1990 年 4 月，国务院发布《关于做好劳动就业工作的通知》，强调“要引导农村剩余劳动力‘离土不离乡'，就地消化和转移，防止出现大量农村劳动力盲目进城求职的局面"。

以上调控措施有利于确保我国在由计划经济向市场经济转轨时期的社会稳定。这一时期，乡镇进入发展的低潮阶段，从业人员出现负增长，一些乡镇企业职工重新回流到土地上。河南第一产业劳动力占乡村劳动力总数的比重也从 1989 年的 84.3%回升到 1991 年的 84.9%。不过，这种逆流现象的持续时间并不长。1991 年，大多数城市的流动人口数量又恢复至 1988 年的水平，这为 20 世纪 90 年代初期的"民工潮"积蓄了力量。

三、以乡村文明为主要特征的城镇化阶段

改革开放探索期，随着乡镇企业的繁荣，一大批原本的农业劳动力转移到工业战线，出现了"务工农民"的新群体。这些人仍然居住在农村，平时在乡镇企业当工人，农忙时干农活，工作之余兼顾家庭副业。因此可以说，这一时期的城镇化战略是以乡村文明为主导的，表现"离土不离乡，进厂不进城"的鲜明特征。

以乡镇企业为主要载体的农村剩余劳动力转移模式，在耕地少、大中城市吸纳就业能力有限的情况下，既是一种合理的现实选择，又是当时唯一可行的道路。以乡村文明为主导的城镇化战略，使城乡关系逐步得到改善、趋于协调。城乡分离的社会壁垒正在破除，制度性的城乡差别正在缩小。

但同样值得关注的是，这种转移是以乡村文明为主导的，是非城市化的，仍属于工业化初期的农村城镇化。农业剩余劳动力向非农业部门的转移未能真正实现农民的市民化，未能真正带动农村的城镇化。当外来人口涌入后，城镇的居住环境、基础设施、社会事业仍基本维持原状，这导致公共服务质量下降。小城镇的发展则高度同质化，重复建设，产业规划趋于雷同。

第八节　“让一部分人先富起来”的收入分配战略

共同富裕是社会主义的本质特征，也是社会主义经济制度的终极目标。但是，在中国，共同富裕不可能一步到位，必须经历“先富”阶段，走“让一部分人先富起来”的发展路线。

一、邓小平“先富带动后富”思想的产生

1984 年，邓小平在《办好经济特区，增加对外开放城市》中指出：“要让一部分地方先富裕起来，搞平均主义不行。”邓小平先富思想的产生根源，可归结为以下的两个国情。

（一）平均主义的经验教训

改革开放前，我国区域之间和居民之间的贫富差距确实很小，但这是以全国整体经济的低效为代价的。在这一历史背景下，邓小平开始从我国生产力发展不平衡的现实情况出发，探索一条通向共同发展、共同富裕的路径。先富的目的还是共同富裕。允许一部分地区、一部分企业、一部分个人先富起来后，再带动、帮助落后地区和落后企业加快发展，最终实现全体人民都过上富足的生活。

（二）从实际出发，因地制宜搞发展

地区之间、个人之间由于禀赋差异，必然存在发展差距。邓小平认为，如果盲目缩小差距，弱化优势，将会导致中国经济雪上加霜。只有承认差距，并将差距保持在可以控制的范围内，允许一部分地区、一部分企业、一部分个人发挥优势、率先富裕，才能更快地实现全民的共同富裕。

二、收入分配制度改革的三大原则

在这一时期，我国逐渐进入收入分配制度改革的破冰期。改革有以下

指导性原则。

（一）坚持按劳分配，打破平均主义

要打破平均主义，必须首先确立按劳分配的基本原则。1977—1978年，针对长期以来将按劳分配看成“资本主义因素”的谬论，理论界率先开展了正本清源的讨论。1978年12月，邓小平在中共十一届三中全会上重申了按劳分配原则的重要性。他指出，“不讲多劳多得，不重视物质利益，对少数先进分子可以，对广大群众不行，一段时间可以，长期不行……革命是在物质利益的基础上产生的，如果只讲牺牲精神，不讲物质利益，那就是唯心论”。1987年10月，中共十三大首次提出“以按劳分配为主体，其他分配方式为补充”的原则。这一提法突破了收入分配原则的单一形式，允许利息、股份分红、风险补偿等多种分配方式的存在。尤其值得一提的是，中央文件第一次明确提出非劳动收入可以参与分配，这为日后的按生产要素分配的理论埋下伏笔。

（二）让一部分人先富起来以带动共同富裕

按劳分配原则得到恢复后，长期被平均主义掩盖的收入差距成了的问题。1984年10月，中共十二届三中全会通过了《中共中央关于经济体制改革的决定》，该决定指出：“共同富裕绝不等于也不可能是完全平均，绝不等于也不可能是所有社会成员在同一时间以同等的速度富裕起来。”中央正式提出要克服平均主义，同时明确了共同富裕将是一个渐进过程。

（三）既要打破平均主义，也要反对两极分化

计划经济体制下平均主义的分配方式，挫伤了劳动者的积极性，阻碍了社会生产力。然而，当平均主义倾向得到有效遏制后，又出现了收入悬殊这种新的分配不公现象。邓小平指出，在社会主义初级阶段，社会成员之间存在一定的收入差距是必然的。但如果差距过大，就可能造成民族矛盾、区域矛盾。因此，有必要通过财政，税收等手段加以干预和调节，以避免两极分化。

三、追求共同富裕的改革实践：城市工资体制改革

1978 年 5 月，国务院发布《关于实行奖励和计件工资制的通知》，正式宣布恢复已停止实行 10 余年之久的奖励制度和计件工资制度。随后，相关部门进一步发布和修订了发明奖励条例、技术改进奖励条例等，自此拉开了中国分配制度改革的序幕。这为后来提出“效率优先，兼顾公平”的原则奠定了基础。

自从 1981 年起，在实行工业生产经济责任制的过程中，各地将改进奖金制度融入改革进程，创造了多种行之有效的分配形式。例如，许多企业借鉴农村联产承包责任制的思路，实行超产奖或超额计件奖。其中，最具探索意义的是，部分企业试行的工资总额包干浮动法。该办法最初仅在产品单一的企业实行，实际上是企业最终产品计件经济责任制，人称“企业大计件”。后来，这一办法得到广泛运用，由单纯地考核产量，扩展为考核产值、利润、消耗等综合指标，工资总额根据这些指标上下浮动。工资总额包干浮动改革扩大了企业奖金使用的自主权，将职工收入与本人劳动成果、企业经济效益密切联系起来。同时，开始运用征收超限额奖金税这一税收手段来调控企业奖金分配，较之前用行政手段进行“封顶”限制的做法，取得了实质性的进步。

1984 年 10 月，中共十二届三中全会通过了《中共中央关于经济体制改革的决定》，明确了要继续深化分配制度改革，实现企业工资总额同经济效益相挂钩，“以充分体现奖勤罚懒、奖优罚劣，充分体现多劳多得，少劳少得，充分体现脑力劳动和体力劳动、复杂劳动和简单劳动、熟练劳动和非熟练劳动、繁重劳动和非繁重劳动之间的差别”。1985 年，我国对企业、机关、事业单位的工资制度和工资管理体制开展了全面的以“利益刺激”为切入点的改革。1985 年 1 月，国务院发布《关于国营企业工资改革问题的通知》。该通知规定：“在国营大中型企业中，职工工资的增长应依靠本企业经济效益的提高，国家不再统一安排企业职工的工资改革和工资调整。”这就把职工工资、奖金同所属企业的经济效益、本人贡献程度

彻底挂钩，杜绝了企业吃国家“大锅饭”、职工吃企业“大锅饭”的思想。

改革进一步向国家机关和事业单位推进。1985 年 6 月，中共中央发出《关于国家机关和事业单位工作人员工资制度改革问题的通知》。该通知要求国家机关和事业单位人员实行结构工资制。所谓结构工资，就是把工资分解为四个组成部分，具体包括依据基本生活所需确定的基础工资、依据员工所担任职务确定的职务工资、依据工龄计算的工龄津贴，以及用于表彰个人突出成绩的奖励工资。这次改革还简化、统一了机关、事业单位人员的工资标准，为工资关系的进一步理顺创造了有利条件。1986 年 2 月，国务院发布《关于深化企业改革增强企业活力的若干规定》，提出：“企业内部的职工工资、奖金分配形式和办法等，由企业自主决定。”1986 年 9 月，国务院公布了改革劳动制度的四项规定，其中包括国营企业的劳动合同制以及职工辞退等内容。自此，中国开始实行“劳动合同制”。实施劳动合同制，使“单位人”变成了“社会人”，“大锅饭”变成了“分灶吃饭”。平均主义的分配模式被彻底破除，单位内部的分配差距逐渐拉开。

四、追求共同富裕的改革实践：农村推行生产责任制

1979 年 9 月，中共十一届四中全会通过《中共中央关于加快农业发展若干问题的决定》，该决定中有关分配制度改革的措施包括：“人民公社各级经济组织必须认真执行各尽所能、按劳分配的原则……按照劳动的数量和质量付给报酬，建立必要的奖惩制度，坚决纠正平均主义。”这一举措的实施，初步恢复了按劳分配的基本原则，纠正了平均主义。

紧接着是家庭联产承包责任制的分步试点和全面实施。1983 年 1 月，家庭联产承包责任制开始在全国农村广泛实行。截至 1983 年底，全国已有约 95%的农村实施家庭联产承包责任制。家庭联产承包责任制改革了农村传统的集体经济分配方式，原来的“工分制”分配逐渐演变为“大包干”的分配方式。相对于“工分制”来说，“大包干”分配方式的优越性在于：首先，克服了“工分制”的平均主义弊端；以产品和产值衡量农户劳动的数量与质量，使收入分配有了基本尺度和统一标准。其次，克服了“工分

制”中实物分配的不足，提高了农民劳动收入的货币化程度。最后，减少了分配环节，降低了分配成本。在“大包干”体制下，“缴够国家的，留够集体的，剩下都是自己的”，记工评分中的争吵消失了，烦琐的按工分分配程序减少了，农民第一次获得了经济的“剩余索取权”。

五、提高农产品收购价格，缩小“剪刀差”

中华人民共和国成立以来，为了促进工业生产的迅速恢复，巩固社会主义政权，我国政府指导性地设置了偏低的农副产品收购价格。这种“剪刀差”长期存在，阻碍了国民经济的长期发展。

中共十一届三中全会决定缩小“剪刀差”，提高农副产品的收购价格，降低农业生产所需相关产品的价格。根据全会精神，从 1979 年 3 月起，我国提高粮、棉、油、猪等 18 种主要农副产品的收购价格。其中，从夏粮上市起，粮食统购价格提高 20%。对于超购部分，在此基础上再加价 50%。总体来看，18 种农副产品的收购价格平均提高了 24.8%。农副产品收购价格的涨幅远高于农业生产资料价格的涨幅，占我国人口总数 80%的农民得到了实惠。缩小“剪刀差”打破了千百年来“谷贱伤农”的传统，扭转了“种田无利”的观念，极大地调动了农业生产积极性和农副产品销售的主动性。

六、收入分配政策的改革绩效

“让一部分人先富起来”的收入分配战略，实现了经济总量增长、居民收入提升和城乡收入差距缩小等一系列改革绩效。

（一）经济总量增长

在“先富共富”思想的指导下，河南经济迅速腾飞，经济实力显著增强，稳步走上致富路。1978 年，河南的国内生产总值为 162.9 亿元，到 1991 年，已经增长到 1045.7 亿元。按可比价计算的年均增长率达到 9.8%。1978—1991 年，河南工业 GDP 年均增长 12.5%，农业 GDP 年均增长 6.1%。人均 GDP 从 1978 年的 232.3 元增长到 1991 年的 1201.2 元，年均增长率为 8.0%（见表 2-8）。

表 2-8　1978—1991 年河南省国内生产总值增长情况

年份	GDP（亿元）	GDP 的增长率（可比价,%）	人均 GDP（元）	人均 GDP 的增长率（可比价,%）
1978	162.92	11.3	232.3	9.5
1979	190.09	8.7	266.7	6.9
1980	229.16	15.4	316.7	13.7
1981	249.69	7.8	340.1	6.3
1982	263.30	4.3	353.0	2.7
1983	327.95	23.8	432.9	21.9
1984	370.04	10.1	481.6	8.5
1985	451.74	13.5	579.7	11.9
1986	502.91	4.6	635.3	3.0
1987	609.60	15.0	755.8	12.9
1988	749.09	9.8	909.9	7.6
1989	850.71	4.4	1012.3	2.3
1990	934.65	4.5	1090.6	2.5
1991	1045.73	6.9	1201.2	5.2

经济总量的增长带来财政收入的提高，进而促使三项主要财政支出增长到之前的 2~4 倍。1978—1991 年，河南用于农业的财政支出从 4.3 亿元增长到 12.3 亿元，用于科学研究的财政支出从 0.4 亿元增长到 1.7 亿元，用于抚恤和社会福利的财政支出从 1.4 亿元增长到 2.8 亿元。

（二）居民收入水平大幅提升

在此阶段，河南人民生活水平显著提高。在城镇，居民人均可支配收入从 1980 年的 393.0 元提高到 1991 年的 1379.9 元，年均增长 12.0%。相应地，人均消费支出从 335.0 元提高到 1199.9 元，年均增长 12.2%。城镇居民人均储蓄余额从 131.8 元猛增到 1094.9 元，年均增长 21.0%。

随着收入总额的增长，从收入结构来看，城镇居民的收入来源也逐步拓展。1991 年，城镇全民所有制企业职工的工资总额中，各种奖金、津贴和超额工资所占比重已达到 29.7%。在城镇集体所有制企业职工的工资总额中，各种奖金、津贴和超额工资所占比重也已达到 22.4%。与此同时，城镇居民的消费层次也有了显著提升。1980 年，城镇每百户家庭大量拥有的耐用消费品主要是自行车（142 辆）、缝纫机（69 台）、手表（204 只）、收音机（90 台）等传统产品，居民家庭拥有洗衣机、电冰箱的数量为 0，每百户拥有照相机仅 1.4 台，拥有电视机也只有 26 台。这一状况，到 1991 年已大为改观。每百户家庭拥有的耐用消费品已包括洗衣机 81 台、电冰箱 43 台、彩色电视机 65 台、黑白电视机 40 台、录音机 67 台、照相机 18 台。居民消费层次的提升趋势非常明显。

在农村，农民人均纯收入从 1978 年的 104.7 元提高到 1991 年的 539.3 元，年均增长 13.5%。相应地，人均消费支出也从 81.7 元提高到 454.7 元，年均增长 14.1%。农民人均储蓄余额也从 5.7 元增长到 239.6 元，年均增长 33.4%。农民的收入结构也发生了变化，乡镇企业的带动、农贸市场的进一步开放都促进了农民收入增长。农民收入来源由单一的集体收入转变为多种收入途径并存。到 1991 年，集体经营所获收入仅占农民收入总额的 2.9%，粮食种植所获收入占 31.7%，来自农业内部多种经营收入占 30.4%，来自工业、建筑业等第二产业收入占 4.0%，来自商业、运输业、饮食服务业等第三产业收入占 8.7%，工资收入占 2.2%。

农民家庭收支抽样调查资料显示，1978—1991 年，平均每百户耐用消费品的拥有量发生显著变化。自行车拥有量从 23 辆增长到 124 辆，缝纫机拥有量从 24 台增长到 70 台，手表拥有量从 10 只增长到 117 只，电视机、收录机、照相机、洗衣机、电冰箱等现代化家庭电器的拥有量均实现了零突破。

城乡居民收入水平、消费支出、储蓄余额的同步增长充分说明了邓小平富民政策的正确性，它有效地调动了国民生产积极性，激发了劳动者的主动性、创造性，引导和激励河南人民走上了致富之路。

（三）城乡贫富差距缩小

收入分配制度改革，不仅促进了居民收入水平的大幅增长，而且出现了城乡居民收入差距缩小的明显优势。1978 年以来，收入分配制度的变化首先从农村开始。在此期间，国家一方面通过提高农产品价格和降低农用生产资料价格以及减少征购的方式，来增加农民收入在国民收入分配中的比重；另一方面通过开放搞活，实行家庭联产承包责任制，调动农民积极性，大幅增加了农民收入，缩小了城乡之间的收入差距。由于上述政策的实施，1978—1984 年，河南城乡居民的收入比由 3.0∶1 下降到 1.6∶1，6 年间，城镇居民人均可支配收入增长了 3.4 倍，农村居民人均纯收入增长了 4.2 倍。此后，城乡居民收入差距虽有所扩大，但总体来看，这一时期的城乡居民收入差距呈缩小态势。到 1991 年，这一比例值演变为 2.5∶1。

第九节　“以市场换技术”战略

改革开放探索期，河南实施“以市场换技术”的对外开放战略。在这一战略的推动下，河南扩大市场开放度，引进先进技术和成套设备，提升了民族产业的装备水平和产品开发能力。

一、对外开放的基本国策

中共十一届三中全会确立了“对内搞活、对外开放”的方针。在国际竞争中，国家通过吸引外资、引进技术和设备，借鉴发达国家丰富的现代化经验、先进的技术成果以及现代化的思想文化，使生产力加速发展。这是发展社会主义市场经济的客观要求。

为此，邓小平强调“必须大胆吸收和借鉴人类社会创造的一切文明成果”。这个“文明成果”包括资本主义发达国家的先进经营方式、企业管理方法等。在此基础上，对外开放逐渐成为一项基本国策并开始付诸实施。我国的对外开放，并不是开放某一地区或某一领域，而是多层次、多渠道、全方位的对外开放。邓小平说："一是对西方发达国家开放，我们吸收的外资，引进的技术等主要从那里来，一个是对苏联和东欧国家的开放，一个是对第三世界发展中国家的开放，这些国家都有自己的特点和长处。"因此，中国的对外开放是面向全球范围的。

二、"以市场换技术"战略的思想来源与理论逻辑

邓小平一贯重视科学技术在经济增长中的重要作用，他的"科学技术是第一生产力"的观点，揭示了科学技术在社会经济发展中的重要地位。在这一科学论断的指引下，我国在经历了改革开放前的"以资金换技术"阶段之后，开始了向"以市场换技术"新阶段的探索。

起初，"以市场换技术"特指一次成功的"技贸结合"案例。1984年底，外贸部门拟议进口日本五十铃公司4万辆轻型卡车。当时，这一批量相当于中国汽车年产量的1/10。而国产轻型车厂家也正为缺少资金和技术发愁。于是，中汽公司向中央提出请求，希望能在进口汽车的同时，以附加条件的方式，无偿引进五十铃的动态技术。这一建议很快得到批准。在外贸部门进口五十铃轻型车的同时，我国引进了N系列29个车型的驾驶室、汽油和柴油发动机、变速箱等全套技术。在没有额外投入资金的情况下，中国轻型车工业的技术水平由此上了一个大台阶。国产轻型车也在2~3年后全面占领了中国市场。可见，"以市场换技术"战略，能够通过扩大市场开放，引进先进技术，快速提升民族产业的技术含量。

"以市场换技术"战略的思想，是源自当时流行的两大对外贸易理论。一是比较优势理论，指既不进行自主研发，也不引进高技术含量的技术，而是按照比较优势，发展和引进适宜的技术。正如林毅夫（2003）所言，"购买专利，成本只要这项专利技术研发成本的三分之一。还可以避免自主研发所可能遭遇的99%的失败率。这样，技术创新的速度却可以比发达国家快得多"。二是后发优势理论，指引进高技术含量的技术来促进民族产业的发展。正如简新华（2002）所言，"发达国家的先进技术只能靠自己研发，成本较高。发展中国家可以发挥技术引进优势，在经济发展上成

功地加速‘追赶’发达国家”。

以上两种技术发展理论都认为，后发国家的技术发展应建立在技术引进的基础上，不同之处只是对引进技术的先进程度存在分歧：前者强调引进“适宜”技术，后者强调引进“先进”技术。无论如何，两种理论都对中国“以市场换技术”战略的发挥产生深远影响。

20世纪80年代初，我国集中修订了“合资企业法”“合作企业法”“外资企业法”，“以市场换技术”战略逐步形成。其基本逻辑是，跨国公司的目标是追逐市场和利润，而我国有着全球规模最大的潜在市场。我国可以通过市场的开放吸引外资企业投资，通过吸引投资以引进其先进技术。前商务部长吕福源谈及“市场换技术”的内涵时说：“中国必须有自己的骨干企业，合资也必须建立在双赢的基础上。”

“以市场换技术”战略中的“市场”，是国内庞大的潜在需求。让出“市场”，是指允许外资企业满足部分国内的需求。当然，并非任何“市场”都可以用来换技术。只有那些国内企业无法满足，外资企业又具有相对技术优势的产品供给，才有可能进行交换，才不会对我们的民族产业构成大的威胁。“技术”也必须是我国当前尚不具备的技术，特别是那些高精尖产品的生产技术。“以市场换技术”战略，也不是简单地将市场份额拱手相让，而只是将市场开放，国内企业仍可参与竞争，并通过积极消化吸收先进技术，提升自身实力，在不久的未来重新夺回市场。

三、“以市场换技术”战略在河南的实施效果

改革开放之初，河南积极响应中央号召，实施“以市场换技术”的对外开放战略。1985—1991年，河南进口额从8281万美元增长到17192万美元，年均增长12.9%。从金额来看，进口增长最快的领域包括石油化工制品（从522万美元增长到5362万美元，年均增长47.4%）、轻工类产品（从534万美元增长到1726万美元，年均增长21.6%）。1985—1991年，河南共签订利用外资协议352份，共引进外商及港澳台商投资额17179万美元。实际利用外资金额从565万美元增长到3791万美元，年均增长

37.3%（见表2-9）。

表 2-9 1985—1991 年河南实际利用外资情况

年份	签订利用外资协议数量（份）	实际利用外资金额（万美元）
1985	29	565
1986	14	605
1987	31	467
1988	38	6436
1989	36	4266
1990	50	1049
1991	154	3791

外商直接投资的进入相应地带动了技术贸易。1985—1991 年，河南进口的成套设备及技术引进支出从 209 万美元增长到 1966 万美元，进口成套设备及技术引进支出占进口总额的比重从 2.5%上升到 11.4%。通过开放市场的确吸引了一批外商直接投资，并引进了成套设备，但河南本土企业的技术能力能否在外资同行企业的带动下实现显著提升呢？以下指标的变化可以为判断提供线索。

首先，1978—1991 年，河南出口产品的结构层次有所提升。粮油食品类、纺织丝绸类、土畜产类初级品的出口额，占出口商品总额的比重由 91.2%下降到 72.5%，下降了近 20 个百分点。相应地，这些下降的份额由五金矿物制品、轻工业制品、机械制品、化工医药制品等加工制成品出口份额的提升来填补。

其次，从企业对新产品、新技术的开发能力来看，到 1991 年，河南大中型工业企业生产的新产品实现销售收入 32.1 亿元，占大中型工业企业销售总收入的 8.7%。在这些新产品中，达到国内首创水平的共计 17.4 亿元，占大中型工业企业新产品销售总收入的 54.2%。河南大中型工业企业生产的省级以上优质产品产值占总产值的 33.5%。415 家大中型工业企业共计建立了 312 个技术开发机构。其中，有一定试验测试条件的机构达到 280 个。这些技术开发机构共计承担了 2282 个技术开发项目。

当然，“市场换技术”战略也有不足之处。引进技术并不等同于引进内生的技术创新能力。虽然河南企业在新产品开发方面有了较大突破，但从反映企业创新实力的硬指标——发明专利来看，河南企业自主创新能力的提升比较缓慢。1991 年，河南工矿企业获得专利授权 83 项，其中的发明专利仅 6 项。单个企业平均获得的发明专利授权仅 0.0003 项。1991 年，河南企业实现的对外技术转让成交额仅为 546 万元，仅占工业总产值的 0.006%。

造成这一现象的主要原因在于，河南企业对技术引进的依赖性过强。直接的技术贸易和直接引进成套设备，虽然能够迅速形成新产品生产能力，但由于不重视后续的技术消化、吸收和拓展，还无法形成“技术引进—消化—再改良—创新”的良性循环，从而难以实现技术实力的真正提升。1991 年，河南企业用于技术引进和消化吸收的经费比为 1∶0.03。而同期的韩国在技术引进方面，用于技术引进和消化吸收的经费比达到 1∶8。大量资金被投放于技术引进，而后续对引进技术的消化与吸收却不被重视，就难以将引进的技术内化为本土企业的技术能力。

第三章　河南改革开放初创期的经济发展战略

1992年，我国逐步开始确立市场经济制度的基本框架体系。这项任务到中共十六大前夕基本完成。在改革开放初创期，各项措施均具有探索性，但始终坚持了经济建设这个中心，坚持改革开放不动摇，坚持“发展才是硬道理”的核心思想，保障了国民经济的持续、快速、健康发展。

第一节　全面建设社会主义市场经济时期

改革开放初创期是我国市场经济的转轨时期。在这一阶段，“计划”与“市场”呈现了一种渐进式的此消彼长态势。人们可以明显地看到这种消长留下的历史印记。

一、改革进程加速的时代背景

1992年初，我国的改革开放和现代化建设走到具有历史意义的十字路口。1989—1992年，国际和国内政治形势发生了一系列变化。在中国社会主义现代化进程的关键时刻，邓小平发表了讲话，明确提出“社会主义市场经济”的概念。以此为契机，从沿海地区开始，我国各地逐渐加快了改革开放和社会建设的进程。

二、建立社会主义市场经济制度的政策创新

1992年1月，邓小平在南方考察过程中明确指出：“计划多一点，还

是市场多一点，不是社会主义与资本主义的本质区别。计划经济不等于社会主义，市场经济不等于资本主义。社会主义也有市场，计划和市场都是经济手段。”这些有关“计划”与“市场”的精辟论断，使人们认清了问题的本质。

1992年10月，中共十四大报告明确提出“建立社会主义市场经济体制”的改革目标。社会主义市场经济的称谓表明，我国的市场经济是在社会主义条件下的市场经济；我们的市场经济；绝不是只有市场调节而无计划调节的经济体制，也不会以市场调节排斥计划调节。1993年11月，中共十四届三中全会通过了《中共中央关于建立社会主义市场经济体制若干问题的决定》。该决定描绘了社会主义市场经济体制的基本框架，主要包括建立产权清晰、权责明确、政企分开、管理科学的现代企业制度，这是国企改革的方向；培育和发展市场体系，形成统一、开放、竞争、有序的大市场；建立健全宏观经济调控体系，以保持总量基本平衡、促进结构不断优化、推动社会发展进步；建立以按劳分配为主、多种分配方式并存的个人收入分配制度；建立包括社会保险、社会福利、优抚安置和社会互助、个人储蓄积累保障等“一揽子”内容的多层次社会保障体系。我国的经济体制改革进入“建立和完善社会主义市场经济体制”的新阶段。社会主义市场经济体制的提出，回答了社会主义与市场经济有效结合的核心问题，解决了实践中计划与市场的关系问题，规定了我国实现经济现代化的基本机制，大大加速了中国经济社会发展的现代化进程。

三、社会主义市场经济体制的改革探索

1992年，中国确立了建立社会主义市场经济体制的改革目标。改革的重点是要进一步扩大和发展市场，建立现代企业制度，构建涵盖投资、金融、财政、价格等方面的宏观调控体系。在投资制度方面，扩大地方和企业的投资决策权，形成多元化投资主体、多渠道资金来源的新格局。在财政制度方面，逐步实施分税制改革。将税种划分为中央税、地方税和中央地方共享税，建立中央和地方各自的税收征管体系，合理确定各级财政的

支出范围，强化各级财政的预算约束。分税制改革形成了有利于中央财政收入适度增长的运行机制，强化了中央财政的经济实力，使相应的中央转移支付制度、横向和纵向的经济调节成为可能。在价格制度方面，实行双轨过渡、调放结合，出现了政府定价与市场定价并存的局面。中国价格制度也开启了市场化转轨的进程。在外资外贸制度方面，实现全方位开放。通过调整汇率、实行外汇双轨制，彻底取消国家给予外贸企业的财政补贴。外贸企业从此开始自主经营、自负盈亏，走上了自我发展、自力更生的道路。

经济体制层面的深层次、全方位改革推动着国民经济加速增长。在1989—1991年的调整、整顿期，国内生产总值年均增长率为4.1%、3.8%和0.92%；在1992—1994年，国内生产总值年均增长率达到14.2%、13.5%和12.6%。1994年，我国开始同步推进财政、税收、银行、外汇、外贸领域的体制改革。到1997年，经济“软着陆”宣告成功。我国不仅克服了严重的通货膨胀，还实现了经济的持续高速增长。宏观经济体制的改革成功，在某种意义上标志着双轨制的全面结束。

第二节　全面协调可持续的现代化战略

20世纪90年代，国际、国内形势发生了新的变化，国际政治格局走向多极化，国际经济领域呈全球化的竞争态势，而国内经济体制改革也进入建立社会主义市场经济体制的新阶段。立足于时代变化和中国国情，以江泽民为代表的第三代中央领导集体，坚持邓小平的现代化理论基础，提出了“全面发展、协调发展和可持续发展的社会主义现代化战略”。

一、全面协调可持续发展思想的日趋成熟

1995年9月，中共十四届五中全会通过了《中共中央关于制定国民经济和社会发展“九五”计划和2010年远景目标的建议》。该建议提出：

“经济增长方式要从粗放型向集约型转变。”会议在强调经济、社会全面发展的同时，也明确了经济社会与资源、环境的可持续发展。至此，“可持续发展”成为我国新的重大发展战略。

1996年，河南发布《河南国民经济和社会发展“九五”计划和2010年远景目标纲要》。该纲要提出“抓住机遇、深化改革、扩大开放、促进发展、保持稳定”的基本方针，实施“科教兴豫、开放带动、可持续发展”三大战略，实现“经济增长方式从粗放型向集约型的转变”和“在提高质量和效益的前提下，保持国民经济增长速度略高于全国平均水平，人口自然增长率略低于全国平均水平”的目标（即“一高一低”的战略目标）。这是河南第一次把“可持续发展”作为指导全省经济发展的重大战略之一写入国民经济和社会发展规划中。可持续发展战略的提出，为人地关系紧张、发展要求急迫的河南，提供了处理近期与远期关系、生存与发展关系的准则及指南。

二、“新三步走”战略和全面建设小康社会的构想

改革开放以来，我国的社会主义现代化建设是按照邓小平的“三步走”战略部署进行的。1987年，中国提前3年实现了GDP比1980年翻一番的目标；到1995年，提前5年实现了GDP比1980年翻两番的目标；到1997年，人均GDP比1980年翻两番，基本上实现了第二步战略目标。在河南，1994年，全省提前6年实现了GDP翻两番的战略目标；到1997年，河南人均GDP也实现了翻两番的战略目标。

基于现有的发展成就，江泽民在中共十五大报告中提出了“新三步走”的战略构想，即“在下个世纪（21世纪）第一个十年，实现国民生产总值比2000年翻一番，使人民的生活更加宽裕，形成比较完善的社会主义市场经济体制。再经过十年的努力，到建党一百年时，使国民经济更加发展，各项制度更加完善。到下世纪中叶建国一百年时，基本实现现代化，建成富强、民主、文明的社会主义国家”。“新三步走”战略是分阶段、有步骤地实现现代化的思想体现，使原有的“三步走”战略更具有现

代化形态，也更符合我国的发展实际。1999 年 9 月，中共十五届四中全会指出："从新世纪开始，我国将进入全面建设小康社会的新的发展阶段"。经济发展、民主建设、科技教育、文化事业……各个领域齐头并进，这是在新世纪全面建设惠及全国十几亿人口的高水平小康社会的宏伟蓝图。

三、河南确立"一高一低"战略目标

20 世纪 90 年代初，河南省委、省政府制定了《河南省"十年"规划和"八五"计划纲要》。该纲要确定了"一高一低"的战略目标，要求全省"在提高质量和效益的前提下，保持国民经济增长速度略高于全国平均水平，人口自然增长率略低于全国平均水平"。

"一高一低"战略目标的历史背景，是当时河南已接近土地资源承载能力的极限。河南历来都是中国的人口大省，自中华人民共和国成立以来，每公顷耕地上养育的人口数已由 1949 年的 4.6 人增长到 1990 年的 10 人。即便参照较为保守的人口增长速度来估计，2000 年，河南每公顷耕地负担供养的人口数仍比全国平均水平高出 22%～25%。在这样严峻的人口、资源与环境条件下，河南要想实现经济发展水平的赶超，必须同时保证较高的经济增长速度和较低的人口增长速度。在明确了"一高一低"的战略目标后，河南开始把经济发展与人口控制工作挂钩。逐步完善计划生育政策、建立健全老年社会保障体系、促进农村劳动力转移，促进人均经济效益的提升。

在全省人民的共同努力下，自 1993 年起，直到《河南省"十年"规划和"八五"计划纲要》规划的战略执行期末，即 2000 年，河南连续 8 年实现了经济发展速度高于全国平均水平，人口增长速度低于全国平均水平的目标（见表 3-1）。8 年间平均国内生产总值增长率比全国平均水平高 2.2 个百分点，人口自然增长率比全国平均水平低 1.5 个千分点。

表 3-1　1993—2000 年河南与全国经济增长速度与人口增长速度对比情况

年份	河南 GDP 增长率（%）	全国 GDP 增长率（%）	河南人口自然增长率（‰）	全国人口自然增长率（‰）	河南人均 GDP 增长率（%）	全国人均 GDP 增长率（%）
1993	15.8	13.1	9.52	11.45	14.6	12.2
1994	13.8	12.6	9.02	11.21	12.7	11.4
1995	14.8	9.0	8.13	10.55	13.8	9.3
1996	13.9	9.8	7.84	10.42	13.0	8.4
1997	10.4	8.6	7.67	10.06	9.5	7.7
1998	8.7	7.8	7.80	9.14	7.8	6.8
1999	8.0	7.2	7.72	8.18	7.2	6.2
2000	9.4	8.4	7.14	7.58	8.4	7.1

在这“一高一低”之间，河南的人均国内生产总值与全国平均水平的差距逐年缩小，8 年间平均的人均国内生产总值增长率比全国平均水平高出 2.1 个百分点。这 8 年间，尽管河南人均国内生产总值相对于全国平均水平的绝对值差额在扩大，由 834.7 元扩大到 1727.4 元，但相对差距却在缩小。1993 年，河南人均国内生产总值相当于全国平均水平的 63.5%，位列全国第 24；到 2000 年，河南人均国内生产总值相当于全国平均水平的 76.8%，在全国排名第 18，8 年间这一比值提高了 13.5 个百分点，名次提高了 6 位。

第三节　经济“软着陆”的稳定增长战略

20 世纪 90 年代初，中国经济在一定程度上表现以“高投资、高货币投放、高物价、高进口”为主要特征的经济过热迹象。为了尽快扭转经济秩序，遏制经济过热，党中央果断推行了经济增长“软着陆”的稳定增长战略。

一、20 世纪 90 年代初的经济过热现象

20 世纪 80 年代末期，为摆脱经济萧条，刺激市场繁荣，政府部门开

始增加投资。到90年代初期，投资对经济的拉动作用开始凸显。邓小平南方讲话后，全国范围内更是掀起了新一轮的建设热潮，推动经济开始加速增长。然而，伴随着这一阶段的高速增长，经济运行出现了一些迹象，呈现过热征兆。主要表现在以下方面。

一是高投资。进入20世纪90年代后，中国固定资产投资的增速明显加快。1991年的同比增长速度为23.9%。1992年为44.4%。1993年，全社会固定资产投资在上年8080.1亿元的基础上猛增到13072.3亿元，绝对额增加4991.2亿元，增长率高达61.8%。这一年，全社会在建项目投资总规模高达28692亿元。固定资产投资规模之大、增长速度之高，是改革开放以来前所未有的。“房地产热”“开发区热”相继出现，房地产价格成为炒作对象。

二是高货币投放。一般情况下，央行的现金投放是在上半年净回笼，下半年净投放。1979—1992年，除1988年上半年净投放了12亿元资金外，其余年份的上半年都是回笼资金。但是，为了拉动高投资，1993年我国央行在上半年投放现金528亿元，下半年又继续投放现金1000亿元，全年累计投放现金共计1528.7亿元。相较于1992年，现金投放量增加370.5亿元，增长了32.0%。

三是高物价。在经历了1990—1992年连续3年的物价基本平稳期后，自1993年起，全国物价水平开始逐月攀升。1993年，全社会零售价格总指数达到13.2%，居民消费价格指数达到14.7%。这是继1988年和1989年物价大幅上涨后的第三个物价高峰年。从分类价格指数来看，上涨幅度最高的是燃料、建筑材料和服务项目价格。其中，燃料价格上涨了35.8%，食品价格上涨了14.3%，工业生产资料出厂价格上涨了33.1%，农业生产资料价格上涨了14.1%。基础工业产品价格的大幅提升，反映了其高度短缺的现状，也推动着下游产品价格的快速上涨。

四是高进口。经济高速发展产生较大的资源需要量。为弥补国内资源的不足，国家扩大进口，同时压缩原材料、能源的出口。1993年全年进口总额1039.6亿美元，比1992年增长30.0%，出口总额为917.4亿美元，比 1992 年增长 12.0%。仅 1993 年上半年进口金属材料 55.4 亿美元，较 1992 年同期增长了 1.4 倍。1993 年，进出口增幅较 1993 年相差 18 个百分点，由此造成 122.2 亿美元的对外贸易逆差。

五是经济秩序。在生产资料价格大涨的情况下，流通领域中出现大量从事生产资料倒买倒卖的公司，人为地制造中间虚假需求、扩大供需缺口。在金融领域，一些擅自设立的金融机构进行不规范甚至非法的信贷和集资活动；大量在银行系统外“体外循环”的资金被用于炒作股票、房地产。银行的备付金率下降，加剧了银行的支付风险。

二、抑制经济过热，实现经济“软着陆”

面对上述经济形势，1993 年 6 月，中共中央出台了《关于当前经济情况和宏观调控的意见》。中国经济的“软着陆”正式启动，基本措施有以下两项。

（一）深化经济体制改革

1993 年夏，从整顿金融秩序开始，一系列宏观调控措施取得了立竿见影的成效。但是，经济运行中的深层次问题尚未得到根本解决，深化改革成为解决这些问题的唯一有效途径。

一是建立分税制的基本框架。分别组建国税局、地税局这两套税务机构，对流转税体系进行重大改革，确立增值税的主体地位，统一内资企业所得税和个人所得税，调整资源税等税种，税制改革达到了预期目的。1994 年，全国财政收入达到 5218.1 亿元，比上年增长了 20.0%。中央财政收入占整个财政收入的比重也由 20 世纪 80 年代后的 35%左右一举提高到了 1994 年的 55.7%。

二是外汇管理体制改革取得重大进展。官方汇率和外汇调剂市场汇率的并轨，使人民币汇率的形成机制趋于市场化。1994 年，外汇市场的供求关系基本正常，人民币对美元汇率由年初的 8.7 元人民币兑换 1 美元上升到年末的 8.4 元人民币兑换 1 美元，升值 3.4%。国家取消外汇收支的指令性计划，主要使用经济手段对国际收支进行宏观调控。1994 年，我国外汇储备在一年内净增 304 亿美元，较上年增长 1. 4 倍，这是改革开放以来外汇储备增长最快的一年。

三是外汇管理体制改革推进了外贸管理体制改革。1994 年，我国取消了外贸指令性计划、公开配额管理、扩大企业自营进出口权等改革，收到了显著成效，外贸出口恢复高速增长势头。当年出口总额达 1210. 1 亿美元，比上年增长 31. 9%。进出口总额达 2366. 2 亿美元，实现了 54 亿美元的贸易顺差。

四是金融体制改革稳步推进。中央银行加强了对金融机构的监管，增加了间接性的经济调控手段，相继成立国家开发银行、中国进出口银行和中国农业发展银行，实现了政策性金融和商业性金融相分离，使金融秩序大为好转。1994 年，各项贷款总额 31602. 9 亿元，比 1993 年增长 19. 4%，增速开始回落。现金投放的高速增长势头得到遏制，1994 年的现金投放量比上年减少了 6. 9%。

（二）实行适度从紧的财政货币政策

1994 年，一系列的宏观调控有效遏制了经济过热的整体势头。但在物价领域，调控结果并不理想。当年全国零售价格指数上涨了 21. 7%。其中，居民消费价格总指数达到 24. 1%，这比高通货膨胀时期（1988 年）的价格指数涨幅还高。为了实现将全国商品零售物价总水平上涨幅度控制在 10%以内的目标，政府采取了两项措施。一是增加有效供给，特别是增加农产品供给。为此，我国实施了“米袋子”省长负责制和“菜篮子”市长负责制，督促地方加大农业投入。二是压缩需求。继续控制货币供应量的信贷规模，控制固定资产投资规模，抑制消费基金的过快增长，实施适度从紧的财政政策与货币政策。

经过一轮加强的宏观调控，中国经济较为平稳地回落到适度增长区间。国内生产总值增长率由 1992 年的 14. 2%逐步回落到 1996 年的 9. 6%，平均每年回落 1 个多百分点。全国商品零售价格指数上涨率由 1994 年的

21.7%下降到1996年的6.1%，共回落15.6个百分点。1992—1996年，国内生产总值年均增长12.1%。可以说，我国既实现了经济的快速增长，又有效遏制了通货膨胀，避免了经济领域的大起大落，经济“软着陆”宣告成功实现。

三、使宏观调控发挥实效的微观经济环境

旧的计划经济体制逐步向新的市场经济体制转轨，为经济“软着陆”营造适宜的微观环境。其主要体现在以下方面。

一是商品和服务的供求形势发生变化，从供不应求转变为供过于求。自20世纪90年代初开始，国内长期存在的物资短缺逐渐消失，取而代之的是各产品领域不同程度的生产能力过剩，人称买方市场。1998年，在我国605种主要商品中，供求平衡的有167种，占27.6%；供过于求的有437种，占72.3%。在供给短缺时期，生产者可以将简单的产品卖出高价，这就刺激了经济的快速增长，但经济增长的质量无法保障。在供过于求的情况下，买方在商品交换活动中起决定作用，这就迫使生产者在激烈的竞争中不断提升产品质量、降低价格，从而限制经济增长速度，提高增长质量。

二是工业化的主要任务发生变化，从追求一般加工工业的规模扩大转向制造业的结构升级。在短缺物资时代，工业化进程以劳动密集型一般加工工业的规模扩大为主要内容。一般加工工业技术含量低、投资周期短，是以数量扩张推动经济增长的重要方式。而在买方市场时代，市场竞争趋于白热化，一般加工工业的产品市场萎缩，制造业的结构升级迫在眉睫。制造业的结构升级要求技术创新、分工协作、发挥规模效应，因而经济增长的速度相应放慢。

三是城乡经济格局开始转变，从二元化城乡经济格局逐渐变为一元化格局。在以一般加工工业发展为主的工业化时期，农村工业获得了良好的发展机遇。农业和非农产业互为支撑，使农村经济迅速发展，并逐渐形成农村经济和城市经济在不同层面并行发展的二元化格局。而在以制造业结构升级为主的工业化时期，由于生产规模扩大、技术复杂，对专业化协作

的要求提高，农村工业逐渐向城市转移，融入城市制造体系。农村经济的非农化开始起步，城乡经济开始向一元化格局转变。

综上所述，新时期的经济增长表现为总量关系变化、工业化侧重点变化、城乡经济格局变化等新特征。这一系列的关系变化进一步引发经济社会全方位的深刻变革。

四、“软着陆”下河南经济增长的特点

1997 年，我国国民经济的“软着陆”宣告胜利结束。中共十五大报告明确指出，1997 年以后的 10 年，主要任务是建立比较完善的社会主义市场经济体制，保持经济的总量平衡，促进结构优化，抑制通货膨胀，实现稳定增长。20 世纪 90 年代中期至 21 世纪初的河南经济增长，就是在这样的宏观政策环境下实现的。

由于经济结构升级和体制转轨，在这一时期，河南的经济增长发生了一些新变化，主要表现在以下方面。一是经济增长速度降低。1996—2001 年，河南 GDP 的年均增长率为 9. 1%，比 1978—1995 年年均 10. 9%的增长率降低了 1. 8 个百分点。二是通货膨胀率降低。1997—2001 年，河南商品零售价格指数年均下降-0. 44%，其中 1998—2000 年是绝对的负增长，通货膨胀已转为通货紧缩。三是与前一阶段相比，经济增长的质量和效益有所提高。相较于 1997 年，2001 年的河南全部国有及限额以上工业企业实现利税总额从 286. 8 亿元增长到 363. 9 亿元，年均增长 6. 1%；反映工业技术实力的全员劳动生产率从 2. 29 万元/人 · 年增长到 3. 78 万元/人 · 年，年均提高 13. 3%；成本费用利润率从 3. 5%增长到 4. 1%，工业经济效益显著提升。

第四节　扩大内需战略

改革开放之初，中国一直将日本、韩国的发展战略作为自己学习的榜样，选择外向型发展模式。但是，1997 年爆发的亚洲金融危机使国人充分

认识到外向型发展模式的局限性。外向型发展模式已经慢慢脱离了中国的国情。在新的历时阶段，中国需要制定更适合国情的新的经济发展战略，扩大内需战略应运而生。

一、扩大内需的必要性与可行性

大国经济的发展模式，使扩大内需不仅具有必要性，还具有可行性。

（一）必要性

一是中国的大国国情决定，必须立足扩大内需来拉动经济发展。当时，中国人口已突破 13 亿人，占全球总人口的 1/5。中国的市场容量相当大，是世界上潜力最大的消费品市场，因此不能主要依靠国外企业满足多样化的国内需求。当时的中国，作为全球第三大经济体，资源丰富，比较优势明显，供给能力较强，企业提供的大量最终产品和服务也不可能完全由国际市场来消化。二是 1997 年爆发的亚洲金融危机对实体经济产生严重冲击，直接导致国际市场需求萎缩。席卷全球的需求萎缩，以及由此引发的贸易保护主义，对我国的出口外贸产生巨大冲击。世界经济形势的不确定性，进一步加大了外向型经济发展模式的风险。此时，扩大内需就显得尤为紧迫。三是扩大内需成为解决中国经济结构内在矛盾的关键举措。在经济建设过程中，投资与消费关系的失衡成为制约中国经济发展的重要障碍因素之一。为了化解结构性矛盾，扩大内需就成为拉动中国经济增长的关键因素。

（二）可行性

一是中国市场具有规模经济特征。中国的人口数量构成了全世界最大的消费群体。与此同时，中国的消费结构是多层次、多元化的，各种商品、各类服务都面临着巨大的潜在消费市场。就人口的年龄结构而言，各个年龄段人群都能构成一个庞大的消费群；就人口的区域结构而言，广阔国土上的不同区域都有着各自的消费偏好；就人口的收入水平而言，中国高、中、低收入群体各有其消费特征。在中国加速城市化的进程中，农村人口城镇化还将创造巨大的消费需求。二是经济发展水平的提高释放消费潜力。自改革开放以来，中国的经济和社会建设取得了让世人瞩目的卓越成就，国内生产总值年均增长率超过9.7%，远高于世界平均水平。城乡居民的收入水平均保持高速增长。大量的新增收入将转化为新的消费需求，这就决定了我国的内需能够在相当长的时间内保持快速增长势头。

二、扩大内需战略的提出与实施

随着改革开放不断深化，短缺经济逐渐消失，买方市场日渐形成，内需不足的现象初步显现。1998年2月，中共中央、国务院发出《关于转发〈国家计划委员会关于应对东南亚金融危机，保持国民经济持续快速健康发展的意见〉的通知》。该通知强调，要“立足扩大国内需求，加强基础实施建设”。1998年12月，在中央经济工作会议上，进一步提出了扩大内需的战略方针。1998年，我国采取的积极财政政策为扩大内需做出了重要贡献。为了应对亚洲金融危机，我国通过增发国债大力推动基础设施建设。在发行的1000亿元国债中，有近70%投入基础设施建设领域。与此同时，我国还推行了住房、教育、医疗、养老等一系列改革，并支持个人消费信贷的发展，这些举措在一定程度上拉动了公众的消费需求。

1998—2001年，在河南GDP中，消费的贡献率从51.3%逐步增长到55.2%，投资的贡献率从42.9%下降到41.3%，出口的贡献率从5.8%下降到3.5%。另外，由于此次扩大内需战略主要是以政府活动为主导，在消费因素贡献率总体提升的过程中，政府消费所占比重出现了更快速的增长。1998—2001年，河南居民消费占总消费的比例从77.3%下降到72.9%，政府消费占总消费的比例则从22.7%提升到27.1%。

由于亚洲金融危机的影响快速消退，中央政府采取了一系列促进出口的政策，使外部经济的拉动作用日益显著。同时，居民对教育和住房的消费开始在很大程度上挤占日常生活消费。这些因素共同导致国内需求难以有效启动，内需对于国民经济的促进作用不升反降。2004年以后，消费在河南国内生产总值中的贡献比重逐步降低。但不可否认的是，中国在改革开放过程中实施的扩大内需战略为亚洲金融危机时期的国民经济脱困做出了重要贡献。

三、扩大内需战略的实施经验

实施于20世纪末期的扩大内需战略，为国民经济带来了新的增长动力。但是，河南启动内需的政策影响还不够长效，更进一步地扩大内需政策势在必行。总体来看，这一时期的扩大内需战略得到如下的实施经验。

一是河南的省情、域情决定了扩大内需不仅是应对危机的暂时之举，更应成为一种长效机制，成为国民经济发展的强劲引擎。在河南，进一步扩大内需、启动消费的政策侧重点应在于：想方设法提高广大农村居民的收入，扩大农民的消费需求；不断降低居民的恩格尔系数，逐步推动居民消费结构的优化升级；继续完善社会保障制度的配套改革，减轻人们在教育、住房、医疗方面的后顾之忧，为释放消费需求提供制度保障；建立职工工资的长效增长机制，提高社会弱势群体的收入水平；继续调节收入分配，缩小收入差距。

二是扩大内需战略的有效性依赖于明确的战略目标、合理的战略步骤、清晰的战略重点。河南要有针对性地对科技、教育、社会保障、“三农”、民营经济和公共服务等领域的发展提出明确的战略目标。战略步骤的划分要有可行性、前瞻性和导向性。战略重点的选择要考虑经济发展的全面性、区域之间的协调性以及人与自然的和谐性。

三是扩大内需是一项广泛涉及经济、政治、文化、社会、自然因素的系统工程。内需因素对经济发展的制约，就是由于这些方面没有产生协同效应而导致的。因此，河南下一阶段的改革不能局限于经济体制领域，必须在政治领域、文化领域同步推行改革，为扩大内需营造有利的软环境氛围。

第五节　以“农业现代化、农村市场化、农民富裕化”为主题的“三农”发展战略

农村经济体制改革的深入推进使我国农村发生了翻天覆地的大变化。但是，自中共十四大以来，“三农”问题也表现出一些新的阶段性特征。这要求我们要用新的视角来看待新问题，推行以“农业现代化、农村市场化、农民富裕化”为主题的“三农”发展战略。

一、农村土地政策的进一步发展

自从20世纪90年代以来，农村经济向市场经济全面转轨，农村土地政策也不断完善和发展。

（一）稳定家庭联产承包责任制

中国的农村改革以家庭联产承包责任制为起点。1993年3月，八届人大二次会议通过决议，把“以家庭联产承包为主的责任制和统分结合的双层经营体制”作为农村经济的一项基本制度写入《中华人民共和国宪法》。1999年7月，又将其载入《中华人民共和国农业法》。这就以国家根本大法的形式确立了家庭联产承包责任制的法律地位。

（二）稳定土地承包权

1993年11月，中共中央发布《关于当前农业和农村经济发展的若干政策措施》。与以往政策相比，该措施有三个明显的不同：一是土地承包期由原来的15年延长为30年，使农民有了更加稳定的心理预期。二是提出“增人不增地，减人不减地”的政策，以缓解第一轮承包过程中出现的频繁调地问题。三是允许土地使用权的依法有偿转让，从而为发展适度规模经营、提高农业劳动生产率提供了条件。根据文件精神，1994—1998年，我国基本完成了第二轮的土地承包工作。1998年8月，九届人大十次

会议通过了修订的《中华人民共和国土地管理法》。“土地承包经营期限为30年”的土地政策进一步具有了法律效力，这在实践中极大地促进了农业经济的稳定发展。

（三）农村土地流转政策的发展完善

农村土地流转指以不改变承包土地的农业用途为基本前提，经发包方同意后，可将所承包土地的经营权进行流转。具体又可划分为转包、转让、互换、托管、继承、租赁、入股、抵押、拍卖等多种形式。自20世纪80年代中期以来，我国开始出现农户自发的土地流转现象。流转原因主要是农民外出打工或经商，无暇经营承包地，而种田能手又需要扩大经营规模，非农业资本试图在农业领域寻求新的投资机会等。由于在这一时期，农村土地流转缺少必要的法律规范，表现明显的随意性和盲目性，导致土地流转内容不完整、流转价格不确定、流转目标非效率等问题，引发土地纠纷和侵权行为。为了解决上述问题，2001年12月，中共中央制定《关于做好农户承包地使用权流转工作的通知》。该通知不仅强调农户承包地使用权的流转要坚持依法、自愿、有偿的原则，还对流转行为做出了更加具体的规定。如提倡主要在农户之间进行土地流转，不提倡工商企业长时间、大面积租赁和经营农户的承包地。

二、积极推进农业现代化建设

20世纪90年代以后，党中央尝试以沿海地区优先发展农业现代化，进而带动内部省份的农业发展。相关的战略举措包括以下方面。

（一）推动农业产业化经营

1995年2月，江泽民在致信供销社全国代表会议时提出，要积极引导农民进入市场，推动农业产业化。农业产业化的实质是用发展工业的思路来发展农业。以市场为导向，以经济效益为中心，以优势产业为重点，优化农业的产业布局，实现农业生产的专业化、规模化、体系化。实践证明，农业产业化经营已成为农村经济的重要增长方式，有利于提升农村经济的增长质量和产业素质。

（二）科教兴农

加速农业科技进步是实现农业现代化的关键。1993 年 11 月，中共中央发布《关于当前农业和农村经济发展的若干政策措施》。该措施明确提出："要全面实施科技教育兴农的发展战略。" 1995 年 5 月，中共中央发布《关于加速科学技术进步的决定》。该决定再次申明，要"把农业科技摆在科技工作的突出位置"。科教兴农推动着我国传统农业向现代农业加速转型。

（三）建立农业社会化服务体系

农业社会化服务水平低是导致我国农业相对落后的重要原因。农村劳动力大量集中在农业领域，从事产前、产中和产后服务的劳动力比例相对较少。为了改变这种状况，必须大力推动农业各环节的职能分离，发展农业社会化服务体系。1996 年 6 月，江泽民在河南农村考察工作时提出："发展贸、工、农一体化的产业化经营方式，逐步建立和发展连接农户与市场的各种必要的中介组织。" 这一认识，进一步厘清了我国农村经济体制改革的正确方向。

（四）推动农业可持续发展

1994 年 3 月，在中国政府制定的《中国 21 世纪议程》中，农业可持续发展被确立为优先发展的领域。1996 年 3 月，八届人大四次会议批准了《中华人民共和国国民经济和社会发展"九五"计划和 2010 年远景目标纲要》。该纲要明确提出，要实施可持续发展的农业战略。这表明，实施农业可持续发展战略，将农村经济发展与保护环境、生态建设充分结合起来，成为一项基本国策。

三、农村市场机制的蓬勃发展

1993 年 7 月，我国颁布第一部农业立法《中华人民共和国农业法》。

该法明确了我国农业发展要以建立农村的社会主义市场经济体制为基本导向。围绕这一战略导向，党中央适时出台了配套政策，进行了一系列积极探索。

（一）农村非公有制经济的发展

在这一时期，中国农村逐渐出现了一些新的集体所有制形式：一是村集体将资产出售给企业职工，职工自愿组成合作企业或股份合作企业，其公共财产仍属集体所有。二是原本属于私人的资产，联合组成合作社或股份合作企业，形成公共财产。三是各联合单位形成的公共财产。此外，还出现了农村公有制与非公有制经济的结合。公有制经济组织将资产的经营权有偿转让给个体专业户、私营企业等，实行合伙、租赁、承包、拍卖使用权等经营模式，依托个体、私营经济的力量继续发展壮大农村公有制经济的实力。这些注重实效的有益探索，使农村经济更加充满活力。

（二）多渠道、多维度的农村市场机制建设

在政策利好的推动下，20 世纪 90 年代后，农村多渠道、多维度的市场机制逐步确立。各地兴建了一批上规模、上档次的大型综合专业市场。在这一时期，农村市场体系的发展主要体现以下特点。

一是市场主体的法人化。各级政府对市场主体的培育力度不断加强，加之市场竞争日益加剧、分工日益细化，市场主体的企业化思维有了明显提升，品牌、质量意识都有所增强。

二是农村市场流通方式的多样化。“菜篮子”生产基地发展迅猛，直接拉动了产销地批发市场的快速成长。跨区域、大范围集散农产品的批发市场网络，逐渐承担起农产品大流通的主要任务。同时，农产品的直销配送、连锁经营、订单收购、期货市场和电子商务等现代化流通方式也从无到有，显示了巨大的发展潜力。

四、农民的增收与减负

农民的收入水平反映着农业现代化建设的实际成效，一直是衡量现代

化进程的重要指标。在20世纪90年代之前，我国的农业政策主要注重农产品供给这一政策目标；中共十四大之后，农民增收也逐步成为一项备受关注的政策目标。

（一）农民增收政策

自20世纪90年代中期以来，长期存在的短缺现象基本消失，“买方市场”的特征日益明显。实际上，这种市场状况对于市场的发育虽然是有利的，但却使依靠短缺时代的巨大需求空间发展起来的乡镇企业面临窘境。同时，农村中还存在大量尚未转移到非农产业的农民，他们来自农业的收入虽然基本解决了温饱问题，但致富的可能性却很小。自1997年开始，河南农民收入的增幅连续4年下滑。农民增收难，甚至增产不增收的问题逐渐凸显，城乡居民的收入差距有重新扩大的趋势。

面对这一严峻现实，1998年10月，中共十五届三中全会通过了《中共中央关于农业和农村若干重大问题的决定》。该决定提出，要“调动农民的积极性，核心是保障农民的物质利益”。而保障农民的物质利益，关键在于增加农民收入。2001年1月，中央农村工作会议充分认识并分析了农民增收难的问题。会议指出，增加农民收入要有新思路，国家要加大对农业的支持和投入，但根本途径还是要对农村经济进行结构调整，提高农业的综合效益，为农民增收和就业开辟新领域、新路径。

（二）农民减负政策

在改革取消了人民公社，建立乡级政府财政后，由于受政策理论的制约，农村基层政府的日常事务逐渐增多，教育、税收、社会治安和计划生育工作的成本日益攀升。乡镇政府行政范围的扩大，必然导致财政支出增加。当时的“三提五统”、乡级自收自支的财政体制，显然难以满足基层财政快速增长的开支需求，这就必然导致部分财政负担转嫁给农民。

1993年3月和7月，中共中央、国务院先后发布制止向农民乱收费、乱摊派的一系列通知。根据规定，取消了37项集资、收费和基金项目，取消了43项达标升级活动，并纠正了10种错误的收费方法。由此基本止住了农民负担加重的源头。1995 年 8 月，中央再提“约法三章”，坚决制止农民负担的反弹。1998 年 10 月，中共十五届三中全会通过了《中共中央关于农业和农村工作若干重大问题的决定》。该决定把“坚持多予少取，让农民得到更多实惠”作为减轻农民负担的指导方针。此后，国家陆续采取的提高粮食定购价格、按保护价敞开收购余粮、对化肥实行最高限价、减少流通中间环节、降低流通费用等一系列政策，切实维护了农民的基本权益。

（三）乡镇企业促进政策

在买方市场时期，乡镇企业的发展速度明显放缓、效益滑坡。其主要原因有以下几方面：一是低水平重复建设现象严重，企业布局过于分散。二是企业普遍产权不清、机制不灵。三是有些企业粗放管理，经营不善。四是企业负担过重，乱摊派、乱收费、乱罚款现象普遍存在。五是一些地方和部门随意平调企业资产，侵犯乡镇企业的合法权益。

为解决乡镇企业的现实困难，1996 年 3 月，八届人大四次会议通过《“九五”计划和 2010 年远景目标纲要》。该纲要指出，要引导乡镇企业合理集中把发展乡镇企业与建设小城镇结合起来。1997 年 3 月，中共中央、国务院批准了农业部《关于我国乡镇企业情况和今后改革发展意见的报告》。该报告提出乡镇企业的发展方向是经济体制改革、转变经济增长方式和努力提高运行的质量和效益。

五、河南探索解决“三农”问题的政策绩效

1992—2001 年，河南继续探索发展农业、振兴农村、善待农民的现代化之路。通过完善家庭承包经营体制、探索土地流转途径、调整农业结构、实施科教兴农、推动产供销一体化、切实减轻农民负担等政策的实施，推动了农业现代化、农村市场化和农民富裕化的三大变革。在这一时期，政策成效主要体现在以下方面。

一是推动农村从计划经济体制向社会主义市场经济体制的转变。中共

十四大之后，农业经济体制改革成为河南农村经济和社会发展的最基本推动力量，农村市场空前活跃。到中共十六大前夕，河南农村已初步形成多形式、多层次、功能齐全的市场体系；生活资料市场、生产资料市场、资金市场、技术市场、劳务市场、信息市场六大市场共同繁荣、相辅相成，有力地促进了市场在资源配置方面基础性作用的充分发挥。

二是推动建立以“产、供、销一体化”和“农、工、贸一体化”为基本特征的现代农业体系。中共十五大报告提出积极发展农业产业化经营的大农业思想后，河南逐渐形成生产、加工、销售有机结合、相互促进的新机制。农业产业结构不断优化，产业链条得到延伸，加工和销售环节持续增值，从而加快河南农村振兴、农民致富的步伐。

三是推动农业经济增长方式逐渐从粗放型向集约型转变，带动农业和农民增收。我国是典型的传统小农经济作业方式，强调自给自足，重视产量；现代农业则是科技含量、机械化程度都很高的现代化大农业，强调规模效应和地方优势，组织多种经营，注重产品质量和商品化程度。河南是一个农业自然资源相对稀缺的农业大省。在改革开放探索期，河南通过积极响应党中央“走高产、优质、高效、节水的农业发展道路”和“科教兴农”的号召，大力推动实践节水、节肥和节地的高科技农业，使高投入、低效益的传统农业向高产、低耗的现代农业逐步转型，顺利实现了农业丰收和农民增收的目标。

1992—2001 年，河南农林牧渔业总产值从 353. 9 亿元增长到 1234. 3 亿元，年均增长 8. 6%。农民年人均纯收入翻了三番，从 588. 5 元增长到 2097. 9 元，年均增长 7. 0%。其中，1996 年河南农民人均实际收入年增长率为 13. 8%，成为自 1985 年以来农民实际纯收入增长最快的一年。1997 年以后，河南农民的收入增长出现了明显的减缓势头，从高峰期的 13. 8% 逐步滑落到 2000 年的 3. 9%。在这一时期，虽然农产品综合生产能力明显提高，但国内出现了通货紧缩，导致对工农业产品的内需不旺。受亚洲金融危机的影响，国际市场农产品价格普遍低迷，作为农民增收重要来源的乡镇企业也出现明显的效益下滑。这些因素的综合作用，导致农民收入的增长势头明显放缓。直到 2001 年，河南农民人均纯收入达到 2097.9 元，较上年增长 4.9%，实现了恢复性增长。值得一提的是，粮食等农副产品的提价成为拉动当年农民增收的重要因素。2001 年，国内粮食市场的价格开始明显反弹，农民出售粮食的综合平均价比上年同期提高了近 20%。

收入的增长带来消费结构的升级，农村居民消费的恩格尔系数也从 0.56 下降到 0.49。据统计，1990—2001 年，河南农民家庭平均每百户主要耐用消费品的拥有量大幅增长。其中，洗衣机从 4 台增长到 27 台，电冰箱从 0.2 台增长到 7.2 台，摩托车从 0.5 辆增长到 16 辆，彩色电视机从 3 台增长到 43 台，照相机从 0.2 架增长到 1.5 架。空调机、电话机、移动电话、收录机、录放像机、影碟机、组合音响等现代家庭用品也都实现了从无到有的突破。

第六节　以小城镇为主要载体的农村城镇化战略

城镇化是解决我国农业、农村、农民问题的根本出路。中共十四大以后，河南进入城镇化建设的突破期。在以小城镇为主要载体的农村城镇化战略模式下，河南大力发展乡镇企业，鼓励农民务工经商，打破城乡二元格局，开创了独具特色的农村工业化道路。以乡镇企业为动力发展起来的小城镇，又将农村经济和社会发展推向一个崭新的阶段，开辟了一条农村城镇化的新路径。

一、积极发展小城镇的政策导向

在城乡户籍分隔的时代背景下，积极建设农村小城镇，成为当时最佳的城市化策略。1994 年 9 月，建设部、国家计委、国家体制改革委、国家科委、农业部、民政部六部委联合发布《关于加强小城镇建设的若干意见》。该意见提出要把小城镇建设作为一件大事来抓，这是政府部门引导城镇化建设的开端。

在大力建设小城镇的过程中，同步推进户籍制度的改革。1997 年 6 月，国务院批转《小城镇户籍管理制度改革试点方案》。该方案提出，允许有合法稳定职业、合法固定住所的进城务工人员，居住满两年可落户县（县级市）城区和建制镇，并与当地原居民享有相同待遇。这一政策的实施，有力地推动了农村剩余劳动力向城镇地区的就近有序流动。

2000 年 6 月，中共中央、国务院发布《关于促进小城镇健康发展的若干意见》。该意见提出，力争经过 10 年的努力，将一部分基础较好的小城镇建设成为农村区域性经济的文化中心，少数具备条件的要发展成为小城市。在改革户籍制度方面，该意见提出，给予符合条件的农民转为城镇户口后，在子女入学、参军、就业等方面享受与城镇居民同等待遇，不得采取区别化政策。该意见成为新时期政府引导小城镇建设的纲领性文件。根据文件精神，全国范围内选出了 100 个基础条件较好、示范带动作用明显的建制镇作为综合开发的试点。这些地区继续完善农村市场体系，积极引导乡镇企业集聚发展，实施农业产业化经营，健全农业社会化服务体系，多管齐下，使小城镇经济实现了迅速的发展。

二、继续鼓励农业剩余劳动力转移的政策导向

随着农业生产效率的提升和城镇化的推进，农民工逐渐成为一些大中城市经济社会生活中不可或缺的庞大群体。党的农业剩余劳动力转移政策与时俱进，将政策重点从“控制盲目流动”向“规范引导”“推动有序流动”的方向过渡。这一时期的新探索主要体现在以下方面。

（一）扶持乡镇企业发展，继续鼓励农业剩余劳动力就地转移

鉴于当时我国中西部地区的乡镇企业发展较为缓慢，难以大量吸纳从农业活动中脱离的剩余劳动力，1993 年 2 月，国务院发布了《关于加快发展中西部地区乡镇企业的决定》。该决定提出，要在产业政策、市场建设、资金投入、经济联合等方面，大力扶持我国中西部地区的乡镇企业发展。《决定》表示，1994—2000 年，每年给予中西部地区的乡镇企业 100 亿元

专项贷款，同时积极引导开展东西合作工程。1996 年 3 月，八届人大四次会议通过《“九五”计划和 2010 年远景目标纲要》。该纲要再次重申，要把发展乡镇企业与建设小城镇结合起来，把乡镇企业作为农业剩余劳动力有序转移的重要承接载体。

（二）加强对农民工的疏导和管理，推动异地转移有序化

20 世纪 90 年代初期，大规模的农业剩余劳动力异地转移，形成“民工潮”现象，其负面效应在交通运输、社会治安、生活环境等集中凸显。此时，借助劳动力市场，加强对农民工的疏导和管理，就成为劳动力转移政策的重点。

为了克服“民工潮”的盲目性和无序性，各地纷纷开展针对农业剩余劳动力的开发就业试点工作。1991 年 1 月，劳动部、农业部、国务院发展研究中心等联合建立“中国农村劳动力开发就业试点项目”。该试点项目的主要内容包括以下内容：一是通过调整农业产业结构，加大农业内部的就业岗位。二是通过调整农村产业结构，组织农民自主就业。三是组织农村劳动力的合理流动和劳务输出。四是通过培训提高农村劳动力的素质水平。五是对城乡劳动力就业工作实行统筹管理。六是建立促进农村劳动力就业的社会化服务体系。七是提倡以小城镇建设为依托，吸纳农业剩余劳动力。

1998 年 10 月，中共十五届三中全会提出，大力发展乡镇企业，多渠道转移农业富余劳动力，引导农村劳动力合理有序流动。这是我国政府改变“就地转移为主、异地转移为辅”的口号，提出“多渠道转移农村富余劳动力”的方针，反映了政策的与时俱进、因势利导。

三、河南农业剩余劳动力的转移成效

1992 年春，在邓小平南方讲话的推动下，中国再次掀起经济体制改革的高潮。乡镇企业率先活跃起来，步入高速成长，农业剩余劳动力的转移也由此进入加速阶段。1992—1998 年，河南第一产业劳动力占乡村劳动力

的比重从83.9%下降到72.5%，第一产业就业占全社会就业的比重从68.2%下降到58.9%。统计资料显示，1990年，河南当年由农业转移到第二、三产业的劳动力为169.6万人；而到了转移高峰1996年，这一数值达到319.6万人，此后虽有所回落，但到1998年当年仍实现了222.5万人的转移规模。20世纪90年代中后期，乡镇企业的外部生存空间遭受严重挤压，企业内部产权不清、技术低端，外部面临放开搞活的国企、外资企业的激烈竞争，乡镇企业的发展陷入困境，这直接导致乡镇企业带动下的农业剩余劳动力转移一度陷入停滞。乡镇企业的衰落并不是农村城镇化的结束，而是农村城镇化进入新的阶段。针对这一情况，党中央、国务院适时提出“小城镇”发展战略，以期通过促进小城镇的健康发展，带动农业剩余劳动力的合理有序转移。在这一时期，配套实施的城镇户籍制度和劳动用工制度改革，使农民获得了跨区域流动的自由性。河南农业剩余劳动力转移由此进入一个新的发展阶段，即由向乡镇企业转移为主，逐步转变为包括加速城镇化建设、建立要素市场和扩大基础设施、治理生态环境等多渠道的有序转移。城乡转移和跨区域流动，迅速成为这一时期农业剩余劳动力转移的突出特点，之前以“离土不离乡”为主的转移活动，向以“离土又离开乡”为主的转移形式过渡。1999—2001年，河南流入城市的农业剩余劳动力约有216.3万人。在转移的农业剩余劳动力中，流向本省的比例也从67.4%下降到58.8%，这一比例相较于1990年的81.5%有了极大改观。显然，在这一阶段，跨区域的有序转移成为农业剩余劳动力就业的主要方式。从改革开放后，河南农业剩余劳动力的转移进程，经历了初期农业内部的“精耕细作”、20世纪80年代中期后的以乡镇企业为主要渠道的就地转移，以及90年代中期后的以“民工潮”形式存在的跨区域转移三个阶段，每一阶段都为转移农业剩余劳动力做出了巨大的贡献。其中，后两个阶段的贡献尤甚。在转移农业剩余劳动力的同时，政府加大了对农业的资金投入，加快了农用土地使用权流转制度的改革，加速了农业规模经营的形成，从而确保农业在国民经济中的基础性地位不被削弱。

四、以发展小城镇为主的粗放型城镇化

1992—2001 年，河南城镇化率从 16.2%大幅提升到 24.4%，城镇人口从 1434 万人猛增至 2334 万人，年均净增长 100 万人，实现了总量上的突破。在这一时期，河南虽然实现了小城镇的飞速发展和农业剩余劳动力的大规模转移，但是，采取的城镇化战略仍显示粗放型特征，其主要表现在以下方面。

一是以发展小城镇为主。1990 年 4 月，我国颁发了《城市规划法》。该法提出严格控制大城市规模，合理发展中等城市和小城市的战略方针。这使得“八五”期间我国大城市和特大城市由 59 个发展到 75 个，仅增长 29%；中等城市由 117 个发展到 192 个，增长 52%；小城市由 291 个发展到 373 个，增长了 34%；小城镇却从 1978 年的 2173 个发展到 2002 年的 13292 个，增长了 511.7%。因此，小城镇顺理成章地成为这一时期承接农业剩余劳动力转移的主渠道。

二是以行政调控为主。自中华人民共和国成立以来，直到 20 世纪 80 年代，河南的城镇化建设历来都是由政府进行严格的计划控制，城镇的人口总量是实施计划控制的重要指标，户籍制度是城市发展的严重羁绊。1992 年以来的城镇化进程，同样带有明显的制度转型特征。城镇化中虽有市场的作用，但仍离不开政府部门的主导。

三是追求速度的粗放式发展。1978—1991 年，河南城镇化率由 13.6%提高到 15.9%，年均提高 0.2 个百分点。1992—2001 年，河南城镇化进程明显提速，从 16.2%提升到 24.4%，年均提高 0.9 个百分点，城镇化速度达到 1978—1991 年的 4 倍多。但是，与城镇化提速不相称的是，这一时期的城镇化片面注重发展生产，忽视精神层面的塑造；片面追求经济增长，导致过度投资、破坏生态平衡；片面追求高积累率、高投资率，却不注重人民生活质量的改善。这就导致城镇化建设进程中量的增长与质的提高难以同步。

第七节　经济体制转轨时期的富民减贫战略

在改革开放初创期，“富民减贫”战略的主要内容是，继续推进收入分配领域的改革深化，力求实现从“部分富裕”走向“共同富裕”。

一、收入分配政策改革的两个阶段

中共十四大以后，中国收入分配政策的改革主要经历了两个阶段。

（一）提出“多种分配方式并存的制度”和效率优先、兼顾公平的原则

中共十四大强调的“建立社会主义市场经济体制”，其中一个重要方面就是要继续深化分配制度和社会保障制度的改革。为了贯彻落实中共十四大提出的改革任务，1993 年 11 月，中共十四届三中全会通过了《中共中央关于建立社会主义市场经济体制若干问题的决定》。该决定第一次明确提出以按劳分配为主体，多种分配方式并存的收入分配制度，从而将按劳分配之外的其他分配方式，从补充的从属地位提升为平等地位。该决定还第一次提出了在鼓励一部分地区、一部分人通过诚实劳动和合法经营先富起来的过程中，要坚持效率优先、兼顾公平的原则。对于效率优先可能带来的收入差距过大问题，该决定要求通过分配政策和税收制度加之调节，以避免由于少数人的收入畸高造成两极分化。中共十四大之后，我国分配制度改革取得的重大进展主要体现在以下方面：一是进一步落实了国有企业内部的分配自主权，不同企业之间的工资水平可以因经济效益的不同而拉开档次，彻底打破了计划经济体制下的“大锅饭”。二是建立了符合事业单位不同类型、不同行为特点的职务级别工资制度。三是进一步发挥税收手段对于调节个人收入分配的重要作用。四是继续改革、完善与个人分配制度相配套的社会保障制度。

（二）在“主体一并存”的前提下，强调把按劳分配和按生产要素分配相结合

在社会生产力发展的过程中，科学技术和经营管理日益成为重要的劳动形式。商业买卖、金融、教育、行业管理等劳动，也均应视为创造价值的劳动。此外，资本虽然不直接创造价值，但它对企业的价值创造也有着极为重要的贡献。私营企业主的收入，包含其参与管理活动和技术创新劳动的收入，是个人劳动创造的价值，并非剥削性收入。1997 年 9 月，中共十五大专门阐述了完善分配结构和分配方式的问题，强调要把按劳分配和按生产要素分配结合起来。在此，按生产要素分配的提法尚属首次。把按生产要素参与分配写入党的文献，是对其他分配方式的明确，使我国以按劳分配为主体，多种分配方式并存的收入分配制度进一步健全完善。

二、居民收入的普遍增长与差距扩大

收入分配领域的改革，逐渐打破了“平均主义”“大锅饭”，使一部分人先富起来，个人收入水平拉开了差距。1992—2001 年，河南城乡居民的收入有了显著增长。城镇居民人均可支配收入从 1608. 0 元增长到 5267. 4 元，年均增长 14. 1%；农村居民纯收入从 588. 5 元增长到 2097. 9 元，年均增长 15. 2%。随着收入的增长，城乡居民的消费水平也同步增长，并实现消费结构升级。城镇居民的恩格尔系数从 0. 53 下降到 0. 35，农村居民恩格尔系数从 0. 56 下降到 0. 49（见表 3-2）。由于农村居民的收入增速相对更快，这一时期的城乡收入差距得以缩小，城乡居民收入比从 2. 73：1 下降到了 2. 51：1。

表 3-2　1992—2001 年河南城乡居民收入情况

年份	城镇居民人均可支配收入（元）	可支配收入指数	城镇恩格尔系数	农民人均纯收入（元）	纯收入指数	农村恩格尔系数	城乡收入比*
1992	1608. 03	—	0. 53	588. 48	104. 9	0. 56	2. 73

续表

年份	城镇居民人均可支配收入（元）	可支配收入指数	城镇恩格尔系数	农民人均纯收入（元）	纯收入指数	农村恩格尔系数	城乡收入比*
1993	1962. 75	110. 4	0. 50	695. 85	109. 0	0. 59	2. 82
1994	2618. 55	104. 7	0. 50	909. 81	103. 4	0. 58	2. 88
1995	3299. 46	107. 8	0. 50	1231. 97	109. 5	0. 59	2. 68
1996	3755. 44	103. 9	0. 48	1579. 19	113. 8	0. 56	2. 38
1997	4093. 62	106. 4	0. 45	1733. 89	107. 4	0. 55	2. 36
1998	4219. 42	105. 3	0. 43	1864. 05	106. 5	0. 57	2. 26
1999	4532. 36	111. 2	0. 41	1948. 36	106. 4	0. 53	2. 33
2000	4766. 26	106. 1	0. 36	1985. 82	103. 9	0. 50	2. 40
2001	5267. 42	108. 8	0. 35	2097. 86	104. 9	0. 49	2. 51

注：* 表示以农民人均纯收入为 1 计算。

然而，在城乡居民收入普遍增长的过程中，城镇、乡村这两大劳动群体之间收入差距缩小的同时，两大阵营内部的收入差距却逐步拉大。1992 年，河南城镇居民家庭按人均生活费收入分组后，最低收入户平均每人实际收入 779. 2 元，最高收入户平均每人实际收入 2858. 1 元，最高组是最低组的 3. 7 倍；1992 年，最低收入户人均实际收入达到了各组平均水平的 88. 3%，最高收入户人均实际收入是平均水平的 3. 2 倍；到了 2001 年，城镇居民家庭按人均生活费收入分组后，最低收入户人均实际收入 2026. 5 元，最高收入户人均实际收入 11638. 7 元，最高组上升到最低组的 5. 7 倍。造成差距拉大的主要原因是低收入户的收入增长相对较慢。1992—2001 年，城镇最低收入户人均实际收入从 779. 2 元增长到 2026. 5 元，虽增长到之前的 2. 6 倍，但相较于最高收入户增长到之前 4. 1 倍的水平，还是有很大差距的。正是由于最低收入户收入的增长缓慢，其与平均水平的差距也进一步拉大。2001 年，最低收入户人均实际收入仅为平均水平的 38. 3%，尚不及平均水平的四成，但在 1992 年，最低收入户人均实际收入尚能达到平均水平的 88. 3%。

与城镇居民内部收入差距扩大化趋势同步的是，1992—2001 年，河南农村居民内部的收入差距也有扩大趋势，但这一趋势并不及城镇显著。1992 年，农村居民人均纯收入为 588.5 元，按纯收入水平对农户分组后，人均纯收入在 500~600 元的人数占 15.8%，而人均纯收入在 200~1000 元的人数占 87.4%。由此可见，在 1992 年，有 87.4%农户的人均纯收入达到了平均水平的 34.0%~169.0%，即有近九成的农户人均纯收入向上或向下偏离平均水平的幅度不超过 0.7 倍。

而到了 2001 年，农村居民人均纯收入增长为 2097.9 元，按纯收入水平对农户分组后，人均纯收入在 2000~2500 元的户数占 16.9%，仍然按照对平均水平向上、向下偏离 0.7 倍的幅度来计算，达到这一偏离幅度的农户人均纯收入应在 713~3566 元，这一组农户占到总户数的 81.1%。该项比值比 1992 年小幅下降了 6.1 个百分点。

另据统计，1992 年，河南人均纯收入约达平均水平 1.7 倍以上的农户，即人均纯收入在 1000 元以上的高收入农户共计占 9.6%。而到了 2001 年，人均纯收入约达平均水平 1.7 倍以上的农户，即人均纯收入在 3500 元以上的高收入农户共计占 10.9%。同样是略有提升。而同期，人均纯收入不足平均水平 1/3 的低收入农户，总人数占比从 3.0%下降到 1.8%。由此可见，造成 1992—2001 年河南农村居民收入差距拉大的主要原因是高收入农户收入的更快增长。

改革开放初创期，“以经济建设为中心”的发展战略确实令广大民众收入增长。但是，由于行业差异、区域差异、资源垄断、税制不健全等原因，居民贫富差距也在加速拉大，个人收入分配结构打破了平均主义的定式，形成了高收入阶层迅速崛起、中等收入阶层、低收入阶层收入相对下降增长不快的局面。例如，2001 年，河南城市家庭中收入较高人群的 10%，人均可支配收入达到 1.17 万元；同期农村家庭中低收入者人群的 10%，人均纯收入在 1000 元以下，其中约 1/5 的家庭人均纯收入在 600 元以下，另有近一半的农村家庭人均纯收入低于 1800 元。

在这一社会快速转型的时期，收入差距的拉大，导致了各种各样的“弱势群体”。但这一批“弱势群体”为改革做出了巨大的贡献。特别是广大农民，他们是社会生产的主力军。因此，切实保障这一群体的利益和生存权利就成为下一阶段改革的重要方向。

三、由部分富裕走向共同富裕：以“造血”为主的专项开发式农村扶贫计划

从部分先富到共同富裕，经济非均衡发展战略的成功，要经历长期的历史进程。在这一过程中，收入分配差距的扩大不可避免。但如果不进行正确的引导，将有两极分化的风险，会与我国共同富裕的最终目标南辕北辙。“部分先富”是实现“共同富裕”的手段，“共同富裕”是实施“部分先富”的归宿。根据邓小平的设想与规划，中共十四届五中全会以后，我国在解决贫富差距问题上迈出了实质性的步伐，充分发挥政府在收入再分配及转移支付中的作用，推动开展发达地区与不发达地区之间的对口扶贫，并提出力争在2000年基本解决人民的温饱问题。

这一时期的扶贫政策成效显著。1993年之前，我国主要实施开发式扶贫，即以区域开发带动扶贫。多地政府在实施这一政策时，把“促进区域经济增长带动扶贫”的扶贫战略，变成“贫困地区工业化项目投资”的扶贫战略。仅1991—1993年，全国扶贫开发资金用于地方工业投入的比例由37.0%上升至43.8%。直接用于解决贫困人口温饱问题的农业投入比例由31.3%下降至26.9%。同时，与贫困人口生产、生活条件息息相关的文教、卫生、交通等方面的投入资金，也和农业资金投入一样逐年递减。相当一部分扶贫资金都用于县级工业项目的建设，虽然对贫困地区的经济发展有着广泛的意义，但对于解决当地贫困人口的温饱问题作用并不显著。

为此，中共中央于1994年颁发《国家八七扶贫攻坚计划（1994—2000年）》，决定调整政府扶贫战略。该计划提出，要解决温饱与巩固温饱并举，在关注贫困人口收入的同时，强调人力资源的开发。中央政府有意识地改变之前的“输血式”扶贫方式，开始侧重于提高贫困人口的经济发展能力，转而实施对贫困地区和贫困人口的“造血式”扶贫。该计划

中，针对农村的扶贫资金主要包括专项扶贫贷款、以工代赈、财政发展与新增财政扶贫资金。政府投入的这三项扶贫资金实现了逐年大幅增长。1996 年，这三项扶贫资金总额为 103 亿元；1997 年达到 153 亿元；1998 年增至 183 亿元。1995—1999 年，资金总额共计增长了 1.6 倍。这些扶贫投入使得贫困地区的基础设施建设大为改观，大多数乡镇实现了通路和通电，贫困村的人畜饮水问题得到显著改善。到 2000 年底，该计划确定的扶贫目标基本实现。农村尚未解决温饱问题的贫困人口，由 1978 年的 2.5 亿人减少到 2000 年的 3000 万人；农村贫困发生率从 30.7%下降到 3%左右。592 个国家重点扶持贫困县中有 318 个县实现了“两基”目标，即基本普及九年义务教育和基本扫除青壮年文盲，这使得科学种植的水平明显提高。

这一时期的减贫政策体现了关注民生、以民生为本的社会发展观念，为中国总体进入小康社会做出了重要贡献，使我国的贫困问题由区域分布和绝对贫困逐步演变为点状分布和相对贫困。

第八节　科教兴豫战略

处在新旧世纪交替时期的河南，面临着一种多极的、充满了各种矛盾和激烈竞争的局面。各类竞争，归根结底是科技实力的竞争。科学技术长期落后的地区是很难实现繁荣的。河南正是敏锐地意识到这一实质，提出了实施科教兴豫战略。

一、靠引进技术难以形成自主创新能力

1992 年，邓小平南方讲话之后，国家陆续开放了 6 个沿海港口城市、13 个内陆边境城市和 18 个内陆省会城市，我国的投资环境不断优化，招商引资成效斐然。自 20 世纪 90 年代起，国家将更多精力放在吸引外商直接投资（FDI）方面，并将吸收外商直接投资与技术引进有机结合。

（一）河南外商直接投资显著增长

1992 年后，河南引资工作成效显著。由表 3-3 可以看出，1993 年签订利用外商直接投资项目合同数同比增长 64.0%，实际利用外资金额同比增长 219.9%。1994 年后，河南外商投资项目数有所下降，引资项目数的减少，与这一时期国家采取引导外资投向的措施有关。例如，国家取消了关于外商投资企业进口生产设备和料件的进口免税规定，这项措施打击了外商投资的积极性。但是，引资项目数的减少，并未影响实际利用外资金额的增长。1994—1997 年，河南利用外资金额从 4.25 亿美元增长到 6.47 亿元。直到 1998 年后，受亚洲金融危机的影响，河南利用外资项目数和金额才开始负增长。

表 3-3　1992—2001 年河南利用外商直接投资情况

年份	项目数（个）	合同外资金额（万美元）	实际利用外资金额（万美元）
1992	1053	88327	10691
1993	1727	157768	34197
1994	1011	79168	42488
1995	815	86748	47981
1996	478	92166	52566
1997	423	86799	64735
1998	353	57333	61794
1999	264	61832	49527
2000	237	69921	37999
2001	224	62188	35861

（二）河南外商直接投资以中小型、劳动密集型企业为主

河南的外资引进以中小企业为主。以 1995 年为例，河南引进的外资企业中，单个企业平均资本金投入额为 743.0 万元，其中外商投入资本金为 535.3 万元。在引进的港澳台资企业中，单个企业平均资本金投入额为 703.8 万元，其中港澳台客商投入资本金为 682.8 万元。而在当年，河南单个大型工业企业平均资本金投入额为 1.40 亿元，单个中型工业企业平均

资本金投入额为 1540.4 万元，单个小型工业企业平均资本金投入额为 142.6 万元。通过比较不难发现，在 20 世纪 90 年代中期以前，河南引进的外商直接投资以中小型企业为主。

从引资的区域结构来看，河南引进的外资主要来自日本、新加坡及中国香港、中国台湾等亚洲国家和地区。中国香港对河南的投资始终处于各投资国家和地区的首位。1995 年，中国香港在内地投资金额占到河南当年引资总额的 28.5%，但是单个合同项目的实际投资额只有 385.5 万元。而中国台湾和新加坡在河南的单个合同项目投资额更少，仅有 301.4 万元和 213.0 万元，投资额占 1995 年河南引资总额的 6.8%。美国、日本虽拥有众多大型跨国公司，但美国、日本来华投资的企业也主要是中小型企业，以利用中国的廉价劳动力从事简单加工生产为目的，日资企业对河南单个合同项目的投资额为 393.9 万元，美资企业对河南单个合同项目的投资额仅为 249.0 万元，这两个国家的投资额占 1995 年河南引资总额的 8.0%。1995 年，来河南投资的德国企业注资规模较大，单个合同项目的投资额达到 952.4 万元，但德国企业所占比重不高，投资额仅占河南引资总额的 1.9%。

自 1995 年起，我国政府开始发布外商直接投资的产业指导目录，以鼓励外商直接投资企业更多地进入高新技术产业，尤其是以先进技术进入农业、交通领域，以及进入通信和信息等现代技术密集产业。高技术外资企业在所得税等方面获得了进一步的优惠待遇。同时，国家还积极设立各种高新技术产业园区，以鼓励高新技术产业发挥集聚效应。但是，引进外资的产业导向政策目标远未实现。在河南，外商投资领域仍主要集中于劳动密集型制造业。1992 年，河南引进的外商投资有 66.5%投向工业部门，到 1995 年这一比例仍占到 60.7%。据商务部统计，在这一时期，外商直接投资主要集中在服装制造、塑料制品、食品加工和制造、非金属类制品（如水泥、建材等）、化学原料及制品、皮革、毛皮制造、家具制造、造纸、包装及纺织业等领域。而上述产业大多属于劳动和资源密集型的传统制造部门。在这一时期，以劳动密集型企业为主体的外商投资特征，与当时日本、“亚洲四小龙”及东盟一些国家和地区的产业结构升级与国际产业转移活动有关。

（三）伴随着 FDI 的技术引进

在改革开放探索期，与外商直接投资的增长同步，我国的技术引进项目也逐年增长。虽然技术引进的合同数量和合同金额有了大幅提升，但这一时期，我国的技术引进仍以成套设备为主，主要是涉及化工、电子计算机、轻工机械、汽车零件、钢材等制约经济发展的“瓶颈”部门。从不同性质企业引进项目的比例来看，外资企业在当时是技术引进的主力军。这一现象说明，我国当时的大部分先进技术是掌握在外资企业手中的。因此，技术引进并不会自动地提升本土企业的自主创新能力，只有扩大跨国公司的技术外溢效应，才有可能增强本土企业的自主创新能力。跨国公司技术转让的根本动机，是追求高额的垄断利润，实现将垄断由一国推及至世界的目标，这就导致跨国公司的国际技术转让行为具有局限性和垄断性。具有技术优势的跨国公司都倾向于实行严格的核心技术锁定策略。与研发活动的国际化趋势相反，跨国公司的技术转移倾向于内部化。它们努力将关键技术和前沿技术的应用与流动严格控制在企业内部，而用于转让的技术大多是处于成熟期的标准化技术或“二流技术”。为了防止核心技术外流，跨国公司一般采用绝对控股的方式独立经营。即使为了战略需要采取合资或合作方式，也会采取本国母公司研制技术、国外子公司负责生产制造的模式，严控新技术的扩散。由此可见，跨国公司并非没有国籍的全球公司，更不会通过在我国投资建厂就主动带来先进技术，仅靠引进技术是难以提升自主创新能力的。

（四）技术引进成效不佳

在改革开放初创期，引进外资虽然有助于提升我国经济发展水平，但整体的技术发展进展缓慢。第三次工业普查资料显示，到 20 世纪 90 年代中期，中国大中型企业的技术水平普遍比国际水平落后 5～10 年，能耗水平普遍比国际先进水平高出 40%以上，资源利用率低 20%，成本高 30%，可靠性和寿命低 20%。

从设备的先进化程度来看，我国制造业中达到国际先进水平的生产设备仅占全部产业设备总数的 24.6%。其中，为其他行业提供装备的机械制造业，其自身的生产设备本就相当陈旧，能达到国际先进水平的设备仅占总数的 11.8%，能达到国内一般水平的占总数的 52.7%，还有约 20%的生产设备处于国内落后水平。就产品档次而言，能达到国际 20 世纪 80 年代末 90 年代初档次水平的产品只占总数的 17.8%，居国际 80 年代中期水平的占总数的 26.9%，居国际 70 年代水平的占总数的 48.7%，还有 7%的产品属于国际 60 年代的档次水平。

从改革开放初到 20 世纪 90 年代中期，我国已开展了近 20 年的技术引进工作。在改革开放探索期形成的“市场换技术”的思维定式下，人们普遍认为，引进外资自然会带来先进的技术和管理经验，技术转移的效果没有受到决策者的充分关注。国有大中型企业一直是技术引进的重点单位，大多数拥有当时引进的较为先进的技术装备，但这些企业缺乏对引进技术消化、吸收、再创新的原动力，所引进的技术没能转化成为自有技术能力。“引进—落后—再引进—再落后”的怪圈表明，我国虽然可以引进技术，但自主创新能力远远不够。

二、科教兴国战略的提出与实施

1995 年 5 月，中共中央、国务院发布《关于加速科学技术进步的决定》，首提科教兴国战略。该决定指出，科教兴国是指全面落实科学技术是第一生产力的思想，坚持教育为本，把科技和教育摆在经济、社会发展的重要位置。

1996 年 3 月，八届人大四次会议正式提出了《国民经济和社会发展“九五”计划和 2010 年远景目标》，把科教兴国列为基本国策，由此，科教兴国成为中国跨世纪的宏伟纲领，成为建设中国特色现代化的治国方略。具体措施包括以下几个方面：一是加大对科技教育领域的投入。科技教育的发展，是实施科教兴国战略的前提。为此，中央决定精简机构、杜绝重复建设，将节省的资金用于实施科教兴国战略。同时，政府也注重通过法律、政策的引导，吸引社会资金投入科技教育领域。二是改革教育格局。优化教育结构，深化教育管理、教育投资、办学体制等领域的改革，开拓多形式、多渠道的办学途径，以满足全社会多层次、多形式、多类型的教育需求。促进“产学研”合作，使科研活动真正地面向市场需求，不断提升科技成果的市场价值，以适应知识经济时代的要求。三是提高全民族的科学文化素养。倡导尊重科学、尊重人才的社会风气；表彰科学工作者不懈探索的科学精神，大力传播现代科技知识，使普通公民充分感受科技的力量，逐渐形成良好的科学素养。

三、从科教兴国到科教兴豫

以信息技术为核心的新技术革命，广泛而深刻地影响着社会生产和生活的诸多领域，引发日新月异的社会变革。在这一时代背景下，就要求河南必须把科技进步放在经济社会发展的关键位置。

早在 1989 年，河南就提出了“科技兴豫，教育为本”的战略。为了贯彻落实党中央《关于加速科学技术进步的决定》，加速河南的科技进步和现代化进程，1995 年 8 月，河南省委、省政府做出《关于加速科技进步，实施科教兴豫战略的决定》，提出积极实施科教开发带动可持续发展战略，进一步确立了科教兴豫战略在河南省经济发展中的主导地位。

为了把科教兴豫战略落到实处，针对河南省情，省委提出了急需解决的三个突出问题：一是要紧密围绕科技和经济的结合深化改革。在企业科技体制改革领域，要促进企业成为技术开发的主体，把建立技术创新机制作为核心内容。在农村科技体制改革领域，要把建立社会化科技服务体系与兴办龙头企业结合起来，尽快实现由传统农业向现代农业的转变。在科研单位改革领域，要促进新型科研运行机制的建立，推动结构调整和人才分流。在高新技术产业开发区的改革领域，要使高新区真正成为新的经济增长点和现代化的新城区。二是要充分发挥科技人才在技术创新和经济发展中的关键作用。为了使科技人员的创造性劳动获取应得的经济效益和社会效益，要把优秀的科技人员吸引到产业部门中去，要解决好产业系统内科技人员的政策落实工作，使做出卓越贡献的科技工作者先富起来。三是努力提高全体民众的科学文化素养。要开展多形式、多渠道的科普工作。要高度重视农村普及九年制义务教育的工作。要改变中等教育的结构，扩大职业技术教育的规模，为产业部门培养高质量的后备劳动力。要积极发展壮大高等教育，加强社会急需专业的发展，使高等教育与经济、社会的发展紧密结合。

四、科教兴豫的战略绩效

在科教兴豫战略的实施带动下，河南省财政增强了对科教事业的扶持力度。1995 年，河南财政支出中的教育事业费、科学事业费和科技三项费用共计支出 43.9 亿元。到了 2001 年，这三项支出共计 102.7 亿元，比 1995 年增长了 1.3 倍，年均增长 15.1%。这一增速甚至超过了同期河南 GDP 的增长水平。

在财政的大力支持下，河南产业发展的技术投入水平和自主创新能力快速提升。尽管科技投入总量仍然偏低，但 1995—2001 年，河南大中型工业企业科技活动的人力、财力投入有了明显增长。单个企业平均科技活动人员从 57 人增至 73 人，其中企业办科技机构的从业人员从 18 人增至 30 人。科技活动经费筹集总额从 186.8 万元增至 277.9 万元，科技活动经费支出总额从 174.2 万元增至 291.6 万元，增幅分别达到 48.8%和 67.4%。

投入的增长带来了显著的实效。1995 年，河南接受过大专及以上教育的人口占总人口比重的 1.3%，文盲占总人口比重的 13.7%。而到了 2001 年，接受过大专及以上教育的人口共计 248 万人，占总人口的比重提升到 2.9%，这一比值是 1995 年的 2 倍多。2001 年，河南文盲共计 543 万人，占总人口比重的 5.9%，这一比值降至 1995 年水平的一半。1995—2001 年，河南接受高等教育的在校生人数从 12.2 万人增长到 36.9 万人，接受高等教育的在校生占总人口的比重从 1.3‰提高到 3.9‰，增幅高达 200%。

高新技术产业发展成为国民经济新的增长点。1995—2001 年，河南高新技术产业的固定资产总值从 56. 2 亿元增长到 91. 1 亿元，总产值从 93. 5 亿元增长到 142. 3 亿元，利税总额从 11. 7 亿元增长到 15. 1 亿元。蓬勃发展的高新技术产业在优化河南省内创新与创业环境、培育特色主导产业，发挥辐射带动效应、提升经济发展质量方面做出了重要贡献。全社会的技术创新能力显著提升。1995—2001 年，河南年均三种专利授权量从 1145 项增至 2582 项。其中，发明专利授权量从 34 项增至 171 项，增长了 4 倍。从反映企业技术创新活动与市场需求衔接水平的新产品开发指标来看，河南单个大中型工业企业的新产品销售收入从 812. 0 万元增至 1327. 8 万元，增幅达 63. 5%。从反映生产运行效率的劳动生产率指标来看，河南国有及限额以上工业企业的全员劳动生产率从 1. 6 万元/人 · 年增至 3. 8 万元/人 · 年，增长了 1. 3 倍。

第九节　开放带动战略

进入 20 世纪 90 年代以来，河南经济的总量规模虽然快速增长，但人均 GDP 指标仍处于全国的中下游水平。尤其是河南的经济外向度低，进出口总额、利用外资的水平与河南经济在全国的地位极不相称。实施开放带动战略是切中河南实际，实现河南经济跨越式发展的必然选择。

一、开放带动战略的深刻内涵

1991 年 3 月，河南第一次对外开放工作会议提出了“优化结构，外引内联，四面辐射，梯次发展”的 16 字对外开放指导方针。以此为基础，1994 年 7 月，中共河南省委五届九次全会做出决策，进一步提出要实施开放带动战略。战略的主旨是通过提高对外开放水平，促观念转变，促改革深化，促经济发展，从而以开放带动全局，实现全面振兴河南经济的目标。从大政方针来看，开放带动战略是将区域经济的发展，纳入全国经济乃至国际经济中来谋划。开放带动战略体现两大内涵：一是突出“开放”，将内陆经济与省外、国外的大市场关联起来；二是强调“带动”，利用开放效应，带动改革的深入，带动整体经济格局的优化。开放带动战略的核心是“开放”，目的是“带动”，关键是尽快解决河南经济发展面临的资金短缺、技术落后、管理水平低下等问题，推动不沿海、不沿边的河南省实现经济社会的全面发展。

二、实施开放带动战略的必要性与可行性

河南实施开放带动战略，是内陆地区实现经济快速发展的必然选择。想要在全球化时代实现跨越式发展，内陆省份必须打破封闭思想，积极参与国际分工，融入国际合作体系，在更大的范围内配置资源。实施开发带动战略，也是河南进一步深化改革的必然选择。改革与开放是相辅相成的，没有进一步的开放，改革也就难以持续深化。就某种意义而言，开放也是改革。我国的经济改革虽然最早发端于安徽农村实施的家庭联产承包责任制，但改革的进一步深化，内陆省份却远远落后于沿海地区。其根本原因就在于内陆省份的开放步伐相对滞后。随着经济体制改革的不断深化，想在制度创新、资金、技术、管理等难点领域的矛盾得以解决，急切地需要通过扩大开放带来新的途径和思路。

河南实施开放带动战略，已经具备了充足的可行性。一是交通通信条件的改善，逐渐扭转了河南在地理位置上的先天不足。在改革开放的早期，我国将港澳、日本、北美、欧共体、澳大利亚、东盟等作为对外开放的重点，与这些国家和地区的经济交往主要依靠海运、空运。河南由于远离海港，存在先天不足。近年来，随着火车提速、欧亚大陆桥和京九铁路的通车、高速公路网的铺设、内河航运的重建，内地省份到达国际经济中心变得更加便捷，对外开放中的地理劣势得以扭转。二是河南的资源优势具有较大吸引力。在这一时期，我国的工业化进程正加速从轻纺主导型向重化工主导型的阶段过渡。河南地区具有丰富的资源、能源供给，大量的低成本劳动力，以及重化工业密集发展的产业传统，为扩大开放和扩大利用外资创造了良好条件。三是宏观区域政策的重心转移为河南带来发展机

遇。20 世纪 90 年代后，我国的对外开放和引进外资工作，进入追求质量的较为成熟的新阶段。以减税让利为代表的优惠政策日渐减少，这虽然对处在开放起步阶段的河南带来压力，但与此同时，国家宏观区域政策的重心开始向内陆省区转移。例如，国家将国外优惠贷款和进出口配额更多地分配到内陆省区。这种政策重心的战略性转移，成为河南实施开放带动战略的重要机遇。

三、开放带动战略的重点、实施条件和组织保证

开放带动的战略重点，是要把企业推到对外开放的第一线，通过引进资金、技术、人才和管理经验，实现企业的上挡次、上水平和上规模。战略实施强调要在“嫁接”改造老企业上取得突破性进展，要通过“筑巢引凤”，大力吸引外商包片开发，要推动外资企业转换经营机制，要发展多元化出口创汇，积极实行对外工程承包和劳务输出。

开放带动战略的实施条件，在于坚持不懈地改善外商投资的硬件条件与软环境。尽快落实河南省制定的十大基础工程，努力改善城市生产、生活环境，把引资环境建设贯穿于对外开放的全过程。

开放带动战略的组织保证是增强干部能力。无论是引进资金、技术、人才、管理经验，还是招商、创汇或者劳务输出，都要讲求效果和效益。为此，要把对外开放的具体目标，如资金实际到位率、项目开工率、创汇率等，纳入目标管理责任制，以提升各级干部的战略执行力。

四、开放带动战略的绩效

自 20 世纪 90 年代以来，河南全省上下认真组织实施开放带动战略，通过优化环境、内引外联、四面辐射，基本形成了全方位的对外开放格局。开放带动的战略绩效主要体现在以下方面。

（一）开放战略带来外资的快速流入

全面开放战略带来大规模的外资流入。1994—2000 年，河南的实际利

用外资额从4.2亿美元增长到5.4亿美元，增幅达28.6%。到2000年，已有美国、日本、新加坡、泰国、韩国、德国、意大利等90多个国家和地区来河南投资。在41个工业大类中，三资工业企业已涉足33个，行业分布广泛。到2000年，全省共有三资工业企业1010家，其中399家企业的年产品销售收入达500万元以上，投资总额超5000万元的有237家，投资总额超亿元的23家。引进三资企业的平均投资规模也比1994年有了显著提升，从204.3万美元/家增长到378.1万美元/家，增幅达85.1%。2000年，全省规模以上三资工业企业的资产总额达到401.7亿元，占规模以上工业企业的比重为7.7%，这一比例比1994年提升了0.6个百分点。总体来看，“九五”时期，河南实际利用外资57.7亿美元，其中外商直接投资28.3亿美元，分别比“八五”时期增长了98.3%和103.1%。

（二）三资企业的带动效应

经过20世纪90年代末期的飞速发展，三资企业已成为河南国民经济的重要组成部分，其发展对于河南省经济的带动效应主要体现在以下方面。

一是促进了工业结构的调整升级，打造了一批河南名牌。通过吸引外商直接投资兴办的三资企业，带来了先进的技术、工艺、设备和产品，加快了相关行业的结构调整步伐，推动了机械、电子、汽车、化工、纺织、食品等行业的产品更新换代和技术工艺改进。安阳玻壳、郑州轻汽、新乡绿色无氟冰箱等在全国同行业中均处于领先水平，新美陶瓷、华美生物工程公司的许多产品填补了河南的空白。漯河双汇、洛阳春都、郑州郑荣3家合资企业成为全国最大的肉食品加工企业，销量占全国的92%。莲花味精与日本、中国香港合资后扩大了规模，提高了质量，在全国味精市场上有46%的占有率。

二是促进市场机制的形成和国有企业经营机制的转换。三资企业的兴起，一方面推动了国内市场和国际市场的加速融合，另一方面促进了资本、劳动力、技术、信息等要素市场的形成和发展，推动了河南省的市场化进程。一些外商投资企业在组织模式和管理经验方面，对河南企业的经营机制转换产生了示范效应。一批国有企业还因外资的直接进入迅速建立了现代企业制度，焕发出勃勃生机。

三是拉动出口增长，加速外向型经济的发展。三资企业多属外向型企业，产品出口比重大，在河南外贸出口中具有举足轻重的作用。“九五”时期，河南省累计实现进出口贸易总额 96.2 亿美元，比“八五”时期增长了 27.4%；出口总额 63.36 亿美元，增长 26.9%。其中，三资企业的出口带动效应显著。据统计，1997—2000 年，河南出口总额从 12.9 亿美元增长到 14.9 亿美元，增长了 15.5%；外商投资企业的出口额从 2.3 亿美元增长到 3.1 亿美元，增长了 34.9%，比总体出口增速高出 1 倍多。1994—2000 年，外商投资企业出口占当年全省出口总额的比重从 14.7% 提升到 20.7%。

开放带动战略推动了河南工业结构的调整升级、企业经营机制的转换和出口的增长。但从区域间的横向对比来看，河南的经济开放程度仍然偏低，开放带动战略仍须长期持续。2001 年，河南的对外贸易依存度（进出口贸易额与 GDP 之比）是 411%，利用外资依存度（FDI 和对外借款之和与 GDP 之比）为 1127%。而全国平均的对外贸易依存度为 4417%，利用外资依存度是 4136%，相比之下，差距明显。从引进外资的来源地来看，1994 年，来自港澳台地区的投资占外资总额的 60.9%，到了 2001 年，这一比例提升到 72.3%，提升了 11.4 个百分点，港澳台资本的项目规模和技术含量普遍低于欧洲国家，从而在一定程度上限制了外资企业对本土企业的技术溢出效应。因此，要想实现中原崛起，使对外贸易和利用外资真正成为拉动经济增长的重要力量，河南以开放促发展的战略模式还有必要长期坚持。

第四章　河南改革开放建设期的经济发展战略

2002 年 11 月，中共十六大召开。自此，中国进入以全面建设小康社会和构建社会主义和谐社会为主题的改革开放建设期。在随后的中共十六届三中全会上，党中央遵循经济社会发展规律，创造性地提出了“树立和落实科学发展观”的重大战略思想。中共十八大进一步明确了“全面建设小康社会”的战略思想，以及整体推进社会主义经济、政治、文化、社会、生态五大建设的总体布局。在这一阶段，河南以科学发展观统领经济社会发展的全局，从推动“中原崛起”到建设“中原经济区”，更大程度地发挥市场在资源配置活动中的基础性作用，最大限度地激发微观经济领域的内生动力，为全面建设小康社会而不懈奋斗。

第一节　以改善民生为核心的社会建设时代

在 20 世纪末，以经济发展为基本导向的社会建设模式遭遇了发展的“瓶颈”。民生问题作为各种矛盾的焦点逐渐凸显。“构建社会主义和谐社会”开始上升成为国家政治领域的重要话题。我国由此逐渐过渡到以改善民生为核心任务的新的社会建设时代。

一、社会建设的时代背景

党中央发展观念的转型，与改革开放建设期的时代背景密切相关。这一阶段时代背景的主要体现以下方面。

（1）全球发展观出现重大转向，从单一的经济发展观转向经济、社会与生态相协调的全面发展观。在发达资本主义国家的发展经验中，人们将发展视为单纯的经济增长，把经济活动看作以有限的资源生产尽可能多的物质。这种以经济增长为首要目标的发展观，在20世纪50—60年代非常盛行，对许多发展中国家的现代化战略产生了重要影响。但是，一味地追求经济增长，也带来了一系列的社会问题，如环境污染、生态恶化。自20世纪后半叶开始，人们开始反思这种单纯追求经济增长的传统发展观；到20世纪70年代，“综合发展观”逐渐得到认可。综合发展观是一种强调以“人”为中心的发展，主张建立包括社会、经济、政治、文化、环境、资源等各方面的综合性评价指标体系，用以衡量全社会各个领域的发展成就。综合发展观的出现和流行表明发展的内涵正由单一性、片面性走向多元性、全面性。到20世纪80年代末，可持续发展观逐渐兴起。这种发展观不仅包括保护自然环境、建立生态平衡和合理配置资源等发展理念，还涉及人的全面发展和人的素质的全面提升等内容，因而是一种崭新的社会文明观。实际上，可持续发展观追求的是人、自然和社会之间的高度协调，比“综合发展观”更加全面。1999年3月，中国科学院发布《中国可持续发展战略报告》。该报告中，可持续发展被正式确立为指导中国经济、社会未来发展的核心理念。

（2）我国发展实践中表现出的不协调、不公平、不可持续性促成了新发展观的形成。发展的不协调、不公平、不可持续性主要表现在以下方面：①城乡差距逐渐拉大。1978年，中国的城镇和乡村人均收入比是2.4∶1。1985年，城乡收入比缩小到1.7∶1；到了2002年，城乡收入比又扩大到3.1∶1。②东西部差距逐步扩大。2002年，中国最富裕的上海与最贫困的贵州相比，人均可支配收入比是12.9∶1。③经济发展与社会发展之间的差距拉大。伴随着经济高速发展，我国逐渐出现了一种新的短缺现象。这种“短缺”不同于改革开放前的商品短缺，而是公共物品投入不足，表现为社会保障、教育、医疗等社会公共物品的短缺。④进入21世纪后，中国的资源、能源短缺问题已日益严重，经济发展面临的生态约束逐渐增强。

（3）中国“和平发展”方针的提出，也推动发展观的快速转型。改革开放以来，中国的持续快速发展引起了全球的共同关注。事实上，中国改革开放的实践告诉世人，中国走的是一条和平崛起的发展之路，是一条坚持以经济建设为中心、通过对内改革和对外开放实行高速增长的发展之路。进入21世纪后，中国树立和落实更加科学的发展理念，切实转变经济增长方式，依托科技进步减少对能源和和资源的消耗，走出一条以科学发展观为指导的和平崛起之路。

二、社会建设的特征：民生导向

“以人为本”的科学发展观替代了以经济目标为唯一导向的传统发展观，使社会建设进入一个全新的时代。

（1）社会建设的主体：国家主导、社会协同及公众参与的服务型格局。在这一时期，我国的社会建设逐渐形成一种多元化主体格局。一是国家担负起社会建设的主要责任。虽然国家承担的经济发展、社会建设方面的主要职责没有改变，但国家的主导方式却发生了转变，由过去的中央政府政策主导，转变成国家立法主导；过去的“经济型”政府，也转变成“服务型”政府。二是民间组织越来越多地承担起社会管理功能。各类行业协会、公益组织，拥有了长足的发展空间。民间组织以自助的方式组织起来，一方面用自己的力量积极解决基层问题，另一方面又尝试同政府建立一种积极的互动，为某些特定的社会群体争取更大的发展空间。三是公众的权利意识开始觉醒，平等和独立意识普遍增强，社会参与度、社会合作能力均不断提高。据2003年8月的一项调查，全社会劳动争议案件以每年30%~40%的速度增长。2002年的劳动争议案数量是1995年的5.6倍，涉案的劳动者人数也增加了5倍。可见，我国社会建设的多元化主体格局已逐步成形。国家已进一步转变了职能；民间组织成为一股重要的新生力量，承担了大量的行业责任，并成为处理国家、社会和个人间关系的中介与桥梁，社会公众的主体意识也被唤醒，开始自动承担起社会建设的主体角色。

（2）社会建设的内容：以民生为重点的均衡分配。贫富差距的问题使“民生”话题成为社会焦点。以保障民生为重点的均衡分配，成为新时期我国社会建设的核心内容。其主要措施包括以下方面：一是以民生为重点的社会资源投入。中共十七大强调了新时期社会建设的六大方面：国民教育、就业、收入分配、社会保障、医疗公共卫生体制以及社会管理。其中，仅社会保障制度的改革，就确立了包含基本养老保险、基本医疗保险、失业保险、工伤和生育保险、最低生活保障制度及社会福利服务等一系列内容的框架体系。二是协调均衡的分配方式。在这一时期，民生资源的分配原则备受关注，分配中越来越注重协调均衡。主要表现为：社会建设从原先的以促进个体竞争为主要目的，转变为以协调和理顺社会关系为主要目的；强调对社会关系的调整着重从“阶层关系、组织关系、地域关系”三个方面展开。过去以单位为基础的管理模式，正向以单位、社区、社会组织为基础的社会化管理模式转变。这种管理模式的转变，有助于更好地分析和迎合社会中多样化的社会需求。

三、构建社会主义和谐社会

在中共十六大报告中，党中央明确地把“社会更加和谐”列为全面建设小康社会的重要目标之一。根据中共十六大精神，2004 年 9 月，中共十六届四中全会首提“构建社会主义和谐社会”的战略任务。2006 年 10 月，中共十六届六中全会通过了《中共中央关于构建社会主义和谐社会若干重大问题的决定》。该决定提出：社会和谐是国家富强、民族振兴、人民幸福的重要保证。这一认识和判断，是基于中外各国社会建设的历史经验做出的，也成为构建社会主义和谐社会的理论基础。2007 年 10 月，中共十七大报告明确指出：“建设富强、民主、文明、和谐的社会主义现代化国家。”至此，党对现代化目标的认识从原先的“富强、民主、文明”的“三位一体”现代化，转变成为“富强、民主、文明、和谐”的“四位一体”现代化。这表明全面现代化的思想体系已日臻完善。

四、以科学发展观统领社会主义和谐社会建设

科学发展观是人类发展理念方面质的飞跃。其理念创新主要体现在以下方面：一是科学发展观体现以人为本的发展价值观。在传统发展模式下，只单方面地追求物质财富的增长，而忽视了社会其他领域的协同推进，最终造成贫富差距、资源浪费等一系列社会问题。这种以牺牲人的发展为代价的传统发展观必须加以摒弃。科学发展观的提出，在不忽视经济发展和物质财富积累的同时，坚持经济、政治、文化的多领域协调发展，并将人的发展看作社会发展的终极目标。二是科学发展观是强调协调发展的发展模式观。科学发展观强调社会、人和生态的协调发展，强调通过“五个统筹”，实现经济与社会、城市与乡村、发达地区与落后地区、人与自然、国内与外部这五个方面的协同推进。三是科学发展观成为构建社会主义和谐社会的指导方针。用科学发展观统领发展全局，为我国构建社会主义和谐社会提供了科学解决各种矛盾和问题的宏观视野。

五、实现国家富强、民族振兴、人民幸福的中国梦

中共十八大以来，习近平同志从国家发展、民族振兴和人民意愿出发，代表新一代共产党人适时提出了中国梦的战略目标。他指出：“中国梦的本质是国家富强、民族振兴、人民幸福。”这个梦想，把国家的追求、民族的向往、人民的期盼融为一体，体现了中华民族和中国人民的整体利益，表达了每一个中华儿女的共同愿景。具体地说，中国梦就是要实现“两个一百年”奋斗目标，即以到 2021 年中国共产党成 100 周年和到 2049 年中华人民共和国成立 100 周年作为时间节点，在中国特色社会主义理论体系的指引下，实现国家富强、民族振兴和人民幸福的宏伟目标。中国梦的愿景既是对中共十六大、十七大确立的全面建设小康社会目标的承接和提升，也为实现中华民族伟大复兴奠定了坚实基础。如今，实现中国梦已经成为我国各界的共同追求。这个“一定能够实现”的梦想，把国家、民

族和个人紧密联系在一个命运共同体中，可以凝聚无穷的中国力量。

第二节　以“四个全面”战略作为中华民族伟大复兴的根本指针

一、“四个全面”战略构想

以习近平同志为核心的党中央，一方面提出中国梦的奋斗目标，另一方面，围绕全面建成小康社会，相继提出全面深化改革、全面依法治国和全面从严治党的三大战略举措，形成了“四个全面”战略布局，推动改革开放和社会主义现代化建设迈上新台阶。

“四个全面”的战略构想为实现“两个一百年”奋斗目标、实现中华民族伟大复兴提供了行动指南。到建党一百周年时全面建成小康社会，是党中央确立的第一个一百年奋斗目标，也是社会主义现代化建设“三步走”战略中具有决定性意义的发展阶段。这一战略目标反映了社会全面进步的要求，反映了中国要成为社会主义现代化国家的时代潮流。这一战略目标的实现，必须以改革为动力，以法治为保障，以党的建设为关键。全面深化改革、全面依法治国、全面从严治党对于实现第二个一百年奋斗目标同样具有十分重要的意义。它形成强大合力，指引着建设富强民主文明和谐的社会主义现代化国家的前进方向，推动着不断深化、持续展开的创新实践，终将满足人民群众实现民族复兴的愿望和心声。

二、国际国内形势的发展变化为“四个全面”战略构想奠定了重要的时代基础

2014 年 12 月，习近平总书记在江苏调研时首次明确提出“四个全面”的战略构想。从当时的国际形势来看，尽管国际金融危机、欧债危机影响深远，地缘关系紧张，但纵观全球，和平与发展的时代主题没有

发生改变，国际环境总体上依然朝着有利于中国发展的方向演变，这使得我国处于大有可为的战略机遇期。从国内形势来看，当时中国已步入改革攻坚期，产能过剩问题严重、地方债务风险加大、扶贫攻坚任务艰巨，导致经济下行压力较大。但国内环境总体上依然稳定，进一步发展的动力仍然强劲，在未来一段时期内保持中高速增长仍有可能。国际国内形势的这些新发展，为“四个全面”战略构想的提出奠定了重要的时代基础。

三、“四个全面”战略构想是实现中华民族伟大复兴中国梦的根本要求

中华民族“追梦”的历史进程，指从 1840 年鸦片战争到 2050 年实现社会主义现代化和伟大的民族复兴。中华民族“圆梦”的历史性标志，是实现“两个一百年”奋斗目标。

为了实现这一崇高理想，以毛泽东同志为核心的第一代党中央提出了从新民主主义到社会主义过渡时期的总路线，进行了社会主义建设道路的艰辛探索；以邓小平同志为核心的第二代党中央提出了坚持四项基本原则，坚持改革开放的路线、方针、政策，开创了中国特色社会主义道路；以江泽民同志为核心的第三代党中央提出了“三个代表”重要思想，推进了党的建设伟大的工程；以胡锦涛同志为总书记的党中央提出了科学发展观，坚持和发展了中国特色社会主义道路。

这一发展历程说明，在每一特定时期，实现中华民族伟大复兴这一崇高理想都需要科学理论的正确指导。站在新的历史起点上，以习近平同志为核心的党中央进一步将这一崇高理想凝炼为中国梦。

面对新形势，如何才能实现中国梦？“四个全面”战略构想回答了这一关键问题：“四个全面”战略构想为实现中国梦确立了阶段性的战略目标，即全面建成小康社会；为实现中国梦找到了前进的动力，选择了战略路径，即全面深化改革与全面依法治国；为实现中国梦指明了政治保证和

基本条件，即全面从严治党。“四个全面”战略构想成为实现中国梦的科学理论指导，为实现“两个一百年”的中国梦吹响了治国理政的“集结号”。

第三节　从“中原崛起”到建设“中原经济区”

进入改革开放建设期后，与沿海地区经济起飞相比，河南经济发展面临的有利政策空间更加收敛：非农业建设用地政策趋紧；汽车工业、钢铁工业等部分产业的投资政策趋紧；生态环境政策进一步趋紧。在这一形势下，河南开始以整合的理念统筹规划省域发展，从2003年启动“中原崛起”战略，到2011年进一步提出“中原经济区”建设，以期能够打破行政区划的局限性，促进生产要素的跨区域自由流动，发挥核心城市的关联带动效应，逐步形成层次分明、协同互补、各具特色的区域发展格局和主导产业群落，构建现代化大城镇体系。

一、“中原崛起”战略的启动

2003年7月，中共河南省委七届五次全会通过《河南省建设小康社会规划纲要》。该纲要提出：要为实现全面建设小康社会的宏伟目标，实现中原崛起而不懈奋斗！“中原崛起”的总体要求，是建设“农业先进、工业发达、文化繁荣、环境优美、人民富裕、社会和谐”的河南。“中原崛起”战略的总目标是：“在优化结构和提高效益的基础上，确保人均国内生产总值到2020年比2000年翻两番以上，达到3000美元，基本实现工业化，努力使河南的发展走在中西部地区前列。”具体来说，“中原崛起”战略主要包括以下内容：一是从概念本身的区域范畴来看，“中原崛起”就是要在以河南所辖行政区域为中心的中原大地上，实现经济发展和各项社会事业的繁荣。二是“中原崛起”战略体现了中原人们奋勇争先的决心。从“中原崛起”战略的目标体系来看，有三个方面的发展目标是基于中国社会发展的大局来设定的。例如，“2020 年河南的经济发展水平要达到全国当时的平均水平”“2020 年河南省全省基本实现工业化”“2020 年河南的主要经济指标要走在中西部地区前列”。三是“中原崛起”战略的实施，意味着对经济、社会结构进行深层次的战略性调整，意味着要彻底消除经济发展面临的体制性障碍，走出一条中部地区跨越式发展的新路子。

在河南推出“中原崛起”战略后不久，中国区域经济的重心明显表现出了“中部崛起”的新轨迹。2004 年 3 月，温家宝在政府工作报告中正式提出促进中部地区崛起的战略构想。2005 年 3 月，全国政协组织召开由国家十部委（局）参加的“促进中部地区崛起提案协商现场办理座谈会”。“中部崛起”由此“破题”。随后，各中部省份纷纷表态，发布了立志崛起的誓言。

二、“中原崛起”战略的主要特点

“中原崛起”战略是一套系统化的战略体系，它不仅指经济发展，还涉及社会、政治、文化等社会发展的方方面面。该战略具有以下三个特点。

一是阶段性。“中原崛起”的过程并非一蹴而就，必然要经历一个循序渐进的过程。《河南建设小康社会规划纲要》把实现“中原崛起”总目标的过程划分为三步：第一步，到 2005 年，国内生产总值达到 7950 亿元，人均国内生产总值达到 8000 元左右，提前实现“十五”计划目标；第二步，到 2010 年，国内生产总值达到 12250 亿元，人均国内生产总值超过 1.2 万元，比 2000 年翻一番以上；第三步，到 2020 年，人均国内生产总值在 2010 年的基础上再翻一番，实现全面建设小康社会的目标。实际上，就“中原崛起”战略的国内生产总值和人均国内生成总值目标而言，2009 年底，第一步和第二步的战略目标就已经提前实现；到 2018 年，第三步战略目标也提前并超额完成。

二是继承性。“中原崛起”战略的提出，是对中央区域均衡发展精神的深刻解读，是对河南厚重的文化传统和历史基础的尊重。“中原崛起”

战略体现了科学发展理念在河南经济建设实践中的高水平运用。在“中原崛起”战略中，“农业先进”在总目标体系中成为首要部分，这反映了河南人民对省情、域情的充分把握，对河南历史优势的充分继承。

三是稳定性。河南是中国的粮仓。在“中原崛起”战略中，“农业先进”成为战略总体要求的重要方面，成为实现“中原崛起”的先决条件。河南立志走出一条坚持保证现有耕地面积不减少条件下的工业化发展道路，有利于保障河南的粮食生产供给，有利于维护国家的粮食安全和社会稳定。

三、以中原城市群建设支撑“中原崛起”

“城市群”是由若干个密集分布的不同等级的城市及其腹地共同构成，以区域网络化组织为联系纽带，通过空间互动而形成的一套城市区域系统。2003 年 7 月，河南省委七届五次全会发布《中共河南省委、河南省人民政府关于全面建设小康社会规划纲要》。该纲要提出：要实施“区域性中心城市带动战略”，并做出“加快中原城市群经济隆起带（以下简称中原城市群）发展”的重大战略部署。

从地理区划来看，中原城市群以郑州为中心，以洛阳为副中心，包括开封、平顶山、新乡、焦作、许昌、深河、济源、巩义、新密、禹州、新郑、偃师、荥阳、登封、舞钢、汝州、辉县、卫辉、沁阳、孟州、长葛等 23 个城市（其中共有 9 个省辖市及其下辖的 14 个县级市），34 个县城，374 个建制镇。中原城市群的城市体系共划分为三层架构。处于第一层次的是大郑州都市圈。围绕着大郑州都市圈，以洛阳、济源、焦作、新乡、开封、许昌、平顶山、漯河 8 个中心城市为结点，构成中原城市群的紧密联系圈，这是中原城市群的第二层次。其余外围地带是中原城市群的第三层次。全力建设大郑州都市圈，使其成为中原城市群内的强力内核，成为引领中原发展的活力之源，是建设中原城市群的首要任务。建设以 8 个中心城市为节点的中原城市群紧密联系圈，打造郑州—洛阳工业走廊，形成优势互补、互动发展的城市圈层体系，是建设中原城市群的重要支撑。在紧密联系圈的外围，需要继续完善小城镇功能，促进人口聚集，充分发挥小城镇在城乡物资交流、农产品基地建设等方面的积极作用。

中原城市群所涵盖的土地面积达5.9万平方公里，占全省土地总面积的35.3%。人口共计4950万人，占全省人口总数的40.4%。中原城市群和武汉城市圈、长株潭城市群、皖江城市带等一起，并称为中部地区四大城市群。

建设中原城市群，是实施“中原崛起”战略的重要一步，也是推动河南城镇化进程的主要途径。中原城市群的总体建设构想是：通过区域性中心城市的带动，促进区域资源整合和经济优势协同，构筑中原城市群经济隆起带，带领全省向现代化迈进。中原城市群的发展定位是，成为全国重要的制造业基地、区域性的商贸金融中心和科教文化中心、中西部地区具有较强综合竞争力的开放型经济区。

中原城市群建设成效卓著，自2003年以来，河南经济在中原城市群的引领带动下实现了迅猛发展。从横向比较来看，河南GDP总量自2004年起连续排名全国第5，河南CDP占全国GDP的比重约为5.4%。从纵向比较来看，自2004年以来，河南经济增长开始明显加速。2004年，河南GDP增长率高出全国平均水平3.6个百分点。之后河南GDP增长率始终高于全国平均水平（见表4-1）。

表4-1　2002—2018年河南和全国GDP值及增长率对比

年份	国内生产总值（亿元）	GDP占全国比重（%）	河南GDP增长率（%）	中国GDP增长率（%）
2002	6035.48	5.0	9.5	9.1
2003	6867.70	5.1	10.7	10.0
2004	8553.79	5.4	13.7	10.1
2005	10587.42	5.7	14.2	11.3
2006	12362.79	5.7	14.4	12.7
2007	15012.46	5.7	14.6	14.2
2008	18018.53	5.7	12.1	9.6
2009	19480.46	5.7	10.9	9.2

续表

年份	国内生产总值（亿元）	GDP 占全国比重（%）	河南 GDP 增长率（%）	中国 GDP 增长率（%）
2010	23092. 36	5. 8	12. 5	10. 5
2011	26931. 03	5. 7	11. 9	9. 3
2012	29681. 79	5. 5	10. 2	7. 9
2013	32278. 04	5. 5	9. 2	7. 8
2014	35026. 99	5. 5	8. 9	7. 3
2015	37084. 20	5. 4	8. 3	6. 9
2016	40249. 23	5. 5	8. 2	6. 7
2017	44552. 83	5. 4	7. 8	6. 8
2018	48055. 86	5. 4	7. 8	6. 6

中原城市群的综合竞争力迅速提升。逐渐形成“两圈、双核、四带、一个三角”的城市布局，核心城市的关联带动功能得到充分发挥，县域经济成为河南经济新的主要增长点，城市基础设施日趋完善，中原交通运输大通道的框架体系基本完成，人民生活质量稳步提升。

四、建设中原经济区

“中原崛起”战略的成功实践，为进一步的中原经济区的建设奠定了坚实基础。就地理区划而言，中原经济区（CPER）以郑州都市区为核心、以中原城市群为支撑，涵盖河南全省并延及周边地区。具体包括河南的 18 个地市，以及山东、安徽、河北、山西的 12 个地市和 3 个县区。中原经济区总面积约 28. 9 万平方公里、总人口约 1. 5 亿人，是中国人口数量最多的国家级经济区。中原经济区恰位于全国陆桥通道横轴和京广通道纵轴的交会处，战略位置极为重要。中原经济区，成为带动中部崛起的重要基地，成为推动我国改革发展的重要支撑力量。2011 年国庆节前夕，建设中原经济区上升为国家战略。其在全国改革发展大局的重要战略定位体现在以下方面。

（一）国家重要的粮食生产和现代农业生产基地

中原经济区要培育现代化农业产业体系，建成全国农业现代化先行区。大力发展高产、优质、高效、生态农业，集中力量打造粮食生产核心区，继续巩固、保障国家粮食安全体系中的重要地位。

（二）全国工业化、城镇化、信息化和农业现代化协调发展示范区

中原经济区要探索新型工业化、城镇化、信息化和农业现代化的协同推进，探索有效的城乡利益协调机制和农村人口有序转移机制，加快形成城乡经济一体化的发展新格局，在国内同类型地区中发挥典范作用。

（三）全国重要的经济增长板块

中原经济区要建设先进制造业和现代服务业基地，打造内陆开放高地和人力资源高地，提升中原城市群整体竞争力，成为带动中部地区崛起的新坐标，成为引领中西部地区经济发展的新引擎。

（四）全国区域协调发展的战略支点和重要的现代综合交通枢纽

中原经济区要充分发挥区位优势，加快现代综合交通体系建设，促进现代大物流发展，加速推动生产要素的集聚，进一步强化承接东部地区产业转移的载体功能，联通区域间交流合作的战略通道功能。

（五）华夏历史文明传承创新区

中原经济区要弘扬中原传统文明，保护和传承全球华人根亲文化资源。提升文化软实力，打造具有中原风貌、时代特征和国际影响力的河南文化名片。

目前，中原经济区建设成效显著，四大经济板块优势互补。中原城市群核心圈层已成为全国重要的先进制造业和现代服务业基地，以及联通东西横贯南北的现代物流中心和具有一定辐射力的区域性金融中心。矿产资源丰富、工业基础雄厚的豫北板块，包括安阳、濮阳、鹤壁、邯郸、长治、晋城、菏泽等地。该板块紧连京津冀、环渤海经济圈。产业结构互补，交通联系紧密，有相近的文化渊源和长期的联盟基础，是中原经济区向外扩散的强力地带。豫西、豫西南板块地处河南、山西、陕西和湖北四省交会处，包括三门峡、南阳、运城、襄阳地区。该板块南接武汉都市圈，西临关中—天水经济区。此处具有丰富的矿产资源和良好的工业基础，已成为中原经济区发展的重要支撑。黄淮经济区板块地处河南、湖北、安徽、江苏四省交会处，包括驻马店、商丘、周口、信阳、亳州、淮北、阜阳、徐州地区。该板块是连接长三角、东部沿海皖江经济带的重要桥梁和纽带。此处具有发展现代化农业的条件优势，已成为中部大粮仓，是国内重要的农产品深加工基地。

第四节 “国退民进”战略的深入实施

在发挥国有经济基本职能的同时，在特定的行业和领域，继续扩大民营经济的发展空间，是我国市场经济体制改革的重要取向之一。

一、改革国有资产管理体制与鼓励私营经济发展

中共十六大提出，要进一步探索公有制特别是国有制的多种有效实现形式。在积极推进国有资产管理体制改革的进程中，除极少数必须由国家独资经营的企业外，国有大中型企业需要按照现代企业制度的要求，开展规范的公司制改革，积极实施股份制改造。

2003 年 4 月，国务院成立国有资产监督管理委员会（简称国资委）。自此，明确了国有资产的出资人代表，确立了“国家所有、分级代表”“权力、义务和责任相统一、管资产和管人、管事相结合”的新的国有资产监管体制。2003 年 10 月，中共十六届三中全会通过《中共中央关于完善社会主义市场经济体制若干问题的决定》。在《决定》中，有关国有经济布局和结构的战略性调整是一项核心议题。“有退有进、有所为有所不为”成为指导国有经济布局的重要方针。在公有制实现方式上，把“股份制”作为公有制的主要实现形式，为我国发展混合所有制经济指明了

方向。

中共十六大充分肯定了包括自主创业者在内的各个社会阶层在建设中国特色社会主义事业中的重要贡献。在政策鼓励下，百姓的创业热情高涨，个体、私营、外资、港澳台资等各种非公有经济迅速发展，民营经济步入一个迅猛成长的新时期。

二、国有经济的规模收缩与分布变化

在改革开放建设期，随着经济市场化进程的加速，国有企业不再由国家财政为其承担责任。在激烈的市场竞争中，一些受传统国有资产管理体制束缚的国有企业陷入生存困境。因此，成立国资委，由其牵头继续推进国有资产管理体制的改革就成为必然的选择。在新一轮的改革中，国有经济在国民经济体系中的规模角色和布局定位均实现了进一步的调整。

随着改革的逐步深入，国有经济的活力、控制力和影响力均显著增强。就国有经济的规模角色而言，河南国有企业和国家控股部门的资产绝对值有所扩张，但在国民经济体系中的比重收缩。2002—2017 年，河南国有企业和国家控股部门的工业总产值由 828. 0 亿元增长到 10389. 5 亿元，但其占工业总产值的比重由 57. 9%下降到 13. 0%。国有企业和国家控股部分的工业资产由 4345. 5 亿元增长到 15476. 7 亿元，但其占全社会工业资产的比重由 72. 6%下降到 25. 4%。国有企业和国家控股的工业企业由 9671 个减少到 739 个，占全社会工业企业总数的比重由 26. 5%下降到 3. 3%。

就国有经济的布局定位而言，这一时期的国有大型企业在关乎国家安全和国民经济命脉的基础设施及基础产业的地位有了显著的提升。资产总额排在前 100 名的国有大企业集团向基础产业和基础设施领域进一步地集中。2002 年，河南国有工业资产分布较集中的三大产业是供电供热、煤炭开采和金属冶炼，分布在这三大产业的国有工业资产总额为 1827. 1 亿元，占国有工业企业总资产的比例为 42. 0%。到了 2017 年，河南分布在上述三大产业的国有工业资产总额达到 8561. 8 亿元，占国有工业企业资产总额的比例提升到 56. 3%。

总体而言，改革在激发国有经济的活力，加强国有经济在重点领域控制力和影响力的同时，扭转了国有经济布局过宽过散的问题，有力地巩固了改革开放以来我国经济体制改革的成效。

三、私营经济发展的新时代

自中共十六大以后，私营经济获得更为宽松的生存和发展空间，迎来了发展的“黄金时代”。

2002—2017 年，河南私营经济的总体实力不断增强，在国民经济中的地位不断上升。规模以上私营工业企业总数量从 1814 家增长到 10105 家，从业人员从 26. 8 万人增长到 220. 1 万人，工业总产值从 417. 8 亿元增长到 27419. 1 亿元。2017 年，河南规模以上私营工业企业总产值在工业部门总产值中的比重已达 34. 3%。在某些一般性竞争领域，私营经济所占比重更是超过了 70%。可以说，私营经济的迅猛发展为拉动河南国民经济的增长立下了汗马功劳。

目前，以民间投资为主的固定资产投资格局已成长成为政府投资模式之外的重要力量。河南私营经济固定资产投资额从 2011 年的 4748. 6 亿元增长到 2017 年的 12740. 7 亿元。2017 年，河南私营经济固定资产投资额占全社会固定资产投资总额的 28. 6%，已成为国民经济各部门中重要性仅次于股份制经济的第二大投资主体。这是中共十六大改变民间投资预期的成果。总体来看，在改革开放建设期，河南的私营经济发展呈现以下的新趋势与新特点。

一是私营经济开始向重化工业、基础设施、公用事业等领域逐步拓展。在中共十六大之前，河南私营经济主要分布在轻工纺织、普通机械、建筑运输、商贸服务等领域。但是，中共十六大以后，由于市场准入政策的放宽，民营经济开始逐步向重化工业拓展，在第三产业中的金融服务业、教育文化产业、新闻出版业以及城市基础设施、公用事业等领域，私营经济也有了越来越多的探索。目前，在商贸餐饮等传统服务业，民营经济已占据主体地位。在冶金、汽车、电力等行业，已出现不少投资规模达数十亿元甚至上百亿元的私营企业。在道路桥梁建设、城市环保、公共交通领域，一些大型项目中标者中，已不乏私营企业的身影。

二是私营企业积极参与国有企业的改组改造工作。自中共十六大以后，伴随着国有资产管理体制改革的继续深化，中央政府陆续下放国有资产的管理权限，实行两级管理。在两级管理模式下，中央政府只负责管理197家特大型国有企业（现已降到189家），其余则交由地方政府掌管。这一举措调动了地方政府的积极性，也鼓励了有实力的私营企业积极参与国有企业的改组、改造工作。至此，私营经济参与国有资产重组的政策障碍基本消除，跨地区的联合重组不断涌现，发展混合所有制经济成为我国经济领域的新动向。

三是私营经济逐步向国际市场拓展。随着国家对私营企业放开进出口经营权，大批私营企业开始转战国际贸易，其进出口业务发展非常迅猛，并在激烈的国际竞争中日益发掘高超的国际竞争力。

在改革开放初创期，私营经济仅是国有经济的“补充”，在规模、产值、影响力方面都较为有限。但十六大以后，私营经济步入发展的黄金时代，在投资额、工业产值，从业人员等方面均实现质的飞跃。私营经济为国民经济发展做出了重大贡献，确实成为名副其实的“社会主义经济的重要组成部分”。回顾改革开放以来河南私营经济的发展历程，这种渐进式的推进，减轻了转型过程中的摩擦和震荡，构成了中国国有经济体制改革的独特路径。

第五节　新型工业化战略

自改革开放以来，我国在践行市场化、外向化的工业化发展道路的同时，也不断反思粗放型传统工业化道路的弊端，逐渐形成以提高经济效益为中心的工业化发展理念。在中共十六大时期，这一理念被正式概括为“中国特色的新型工业化道路”。

一、新型工业化道路的提出及深刻内涵

改革开放以来，中国在极短时间内完成了发达国家用200年才走过的工业化历程，虽然取得了令世人瞩目的发展成就，但是，随着中国经济体制改革的不断深化，传统工业化过程暴露的矛盾和问题也日益凸显。科技含量低、能源和资源消耗高、污染严重的粗放型外延式发展已越来越难以适应中国现代化的发展要求。此时，中国必须开拓创新、另辟新路，走出一条有别于传统的新型工业化道路。2002年11月，中共十六大把以信息化和可持续发展为主要内容的工业化模式，总结升华为新型工业化道路。具体而言，新型工业化道路要坚持以信息化带动工业化，以工业化促进信息化，在工业化的过程中，强调科技含量高、经济效益好、资源消耗低、环境污染少、人力资源优势得到充分发挥。2017年10月，在中共十九大报告中提出，坚持走中国特色的新型工业化道路依然是我国工业化战略的核心与主旨。如今，我们以科学发展观统领经济社会发展的全局，从而为新型工业化道路赋予新的时代精神。具体来说，新型工业化道路的深刻内涵体现在以下方面。

（一）工业化与信息化融合互动，实现生产力的跨越式发展

新型工业化道路，一方面讲求以信息化带动工业化，要通过优先发展信息产业，使信息技术这一人类历史上发展速度最快、影响力最为深远的技术形式得到最广泛的应用，从而成为实现跨越式发展的强大动力源。另一方面，新型工业化道路还强调以工业化促进信息化。工业化为信息化发展提供物质基础和应用需求，是信息化发展的内在成长动力。目前，中国的工业化还处于中期阶段，我国仍面临实现工业化与信息化的双重任务。因此，必须大力推进信息化和工业化的融合，在工业由大变强的过程中，充分发挥信息化的引领带动作用，顺利实现跨越式发展。

（二）注重依靠科技进步和提高劳动者素质，走又好又快的工业化发展路子

科教兴国战略为生产力的跨越式发展带来了新的推动力。这种推动力的“新”，就在于不断加快中国经济发展模式从粗放型向集约型的转变。通过持续的技术进步，从根本上打破资源和环境对经济社会发展的“瓶颈”制约作用。在中共十九大报告中，党中央进一步将自主创新看作国家发展战略的核心，提出要把提升自主创新能力贯彻我国现代化建设进程的方方面面。

（三）注重生态建设和环境保护，走可持续发展的工业化之路

2007 年 10 月，“生态文明”首次被写入中共十七大报告。这是党中央科学发展观、和谐发展理念的升华与凝练。工业化必须是可持续的发展进程，其核心在于实现经济发展与资源环境的协调。坚持走可持续发展的工业化道路，是对新型工业化的概括和升华。

（四）坚持以科学发展观统领工业化发展的全局

新型工业化道路是以科学发展观统领全局。既要关注历史工业基础，重视传统产业的改良升级，也要注重高新技术产业的发展，着眼于产业发展的未来前景；既要考虑工业经济的健康发展，也要注重保护生态，构建环境友好型社会，同时还须关注工业现代化与农业、国防和科技现代化的联系与互动。

二、新型工业化道路是对传统发展模式的超越

（一）新型工业化道路是对西方发达国家工业化道路模式的超越

一是超越了“先发展、后治理”的传统工业化模式。西方发达国家所走的工业化道路，是建立在对发展中国家的资源掠夺和不平等贸易的基础上，在发展过程中存在对资源的严重浪费和对环境的巨大破坏。他们所走的“先破坏、后建设”的老路，必须引以为鉴。中国的新型工业化道路，

应以可持续的发展思路来追求经济增长，在发展过程中遵循自然生态规律。二是突破了有关工业化和信息化关系的传统认知。西方发达国家是在走完工业化进程后才开始推行信息化的。中国则是在工业化的过程中就面对了全球信息化的浪潮。我国要力求实现信息化和工业化融合发展，借力信息化过程，实现工业化的跨越。三是突破了有关“工业化减少就业机会”的传统认知。在西方发达国家工业化的过程中，因为实现生产的机械化和自动化，劳动密集型产业比重大幅下降，由此带来结构失衡和失业问题。中国在推进工业化的过程中，不仅大力支持通过技术升级提升工业劳动生产率，而且把就业和民生问题摆在更加突出的位置。提倡劳动者自主创业，积极发展就业容量大的劳动密集型服务部门和中小型民营经济，促进多种形式的就业。

（二）新型工业化道路是对传统社会主义工业化模式的超越

一是经济发展方式的超越。传统工业化表现为“高投入、低产出”的粗放型经济增长，注重速度，却忽视效益。新型工业化强调集约型增长，重视质量、效益和速度之间的平衡。二是跨越式发展动力的超越。在传统社会主义工业化模式下，我们寄希望于通过生产资料公有制程度的不断提高，发挥“先进社会主义制度的优越性”，所依靠的是劳动者的政治热情和思想觉悟。实践证明，这种模式难以达成预期。新型工业化道路则强调把“信息化”作为实现跨越式发展的根本动力，从而在更短的时间内实现具有现代意义的工业化。三是发展观的超越。在传统社会主义工业化模式下，片面强调优先发展重工业，重工业部门的快速增长以牺牲农业、轻工业部门的发展机会为代价。新型工业化道路强调“全面、协调、可持续”的发展路径，不仅注重工业部门内部的关系，还强调国民经济各行各业、人与自然的和谐发展。

三、从可持续发展到循环经济和低碳产业

河南的新型工业化道路，有其必要性与紧迫性。长期以来，河南的工

业发展在很大程度上依赖于投资拉动和对资源的过度开发。长此以往，这种发展模式将会削弱经济持续、健康增长的根基。走新型工业化道路，是事关河南1亿多人民及子孙后代福祉的长远问题。

21世纪以来，可持续发展成为河南跨世纪的重大战略之一。但是，由于可持续发展是一种观念，需要全社会的行为自律，因而很容易停留在一般性口号上，缺乏进一步的全面部署和得力措施。中共十六大提出了新型工业化道路，使河南人民更深刻地认识到资源环境和生态建设的重要性。大力发展循环经济，就是实施可持续发展、建设环境友好型社会的抓手和切入点。自中共十六大以后，河南的循环经济发展进入新阶段。循环经济模式转变了过去“末端治理”的思路，转而关注从生产到消费的全过程实现减量化、再利用、资源化。河南的全方位循环模式涉及产业体系、城市建设、生态人居和消费领域，具体发展构想为：在产业内部循环层面，加强原材料和能源的循环利用；在产业间循环层面，构建生态工业链，形成以共享资源和互换副产品为主要内容的产业共生体系；在社会循环层面，大力支持绿色消费和资源回收产业的发展，搭建循环经济的闭合回路，提升河南经济的资源环境支撑力。

2006年9月，河南省人民政府发布《关于加快发展循环经济的实施意见》。该意见提出，要着力打造“五大循环产业链”。这五大循环产业链具体包括以下方面：一是在煤炭产业领域，打造“煤炭开采—加工—综合利用”产业链。二是在铝工业领域，打造“铝土矿开采—氧化铝—电解铝—铝加工”产业链。三是在非金属矿产业领域，打造“非金属矿产开发—加工—综合利用”产业链。四是在农业领域，打造“种植、养殖—加工—综合利用”产业链。五是在有色金属产业领域，打造“废旧有色金属回收—加工—再生产品”产业链。2010年1月，在河南十一届人大三次会议上，“低碳经济”一词首次出现在《政府工作报告》中。所谓低碳经济，是指在经济发展过程中，尽可能地减少对煤炭、石油等高碳能源的消耗量，减少温室气体的排放。发展低碳经济，不仅是一份郑重承诺，还意味着一种新的机遇。在向低碳经济转型的同时，河南大力转变经济增长方式、调整产业结构，大力拓展环境友好型产业部门的发展空间，从而确保河南经济的持续增长始终以绿色环保为基调。

四、河南新型工业化的发展成效

（一）工业化进程继续推进

2002—2011 年，河南的工业化率大幅提升，工业化进程继续快速推进。2002—2011 年，河南工业增加值占 GDP 的比重从 40.0%增长到 51.8%，第二产业增加值占 GDP 的比重从 45.9%增长到 57.3%（见表 4-2）。根据国际通用标准衡量，工业化率在 40%~60%为半工业化社会，工业化率达 60%以上为工业化社会。因此，可以认为，在这一时期，河南的工业化进程快速推进，并且正从半工业化社会向工业化社会过渡。以 2011 年为分水岭，2011—2017 年，河南工业增加值占 GDP 的比重开始逐年下滑，从 51.8%降至 41.4%，第二产业增加值占 GDP 的比重从 57.3%降至 47.4%。到了 2017 年，河南第二产业增加值占 GDP 的比重、工业增加值占 GDP 的比重均回落到接近 2002 年的水平。在这 16 年间，第二产业在国民经济中的比重经历了先增后降的明显过程，如果将前半段进程称为由半工业化社会向工业化社会过渡，那么后半段进程则可看作从工业化社会向后工业化社会的过渡。这一时期的最显著特征是经济的服务化，特别是与工业发展密切相关的生产性服务业部门的高速成长。具体表现为第三产业增加值占 GDP 的比重从 29.7%一路攀升到 43.3%，以生产性服务业为主的第三产业的繁荣，为工业部门的高级化提供了不可或缺的配套支撑。

表 4-2　2002—2017 年河南 GDP 中三次产业占比情况

单位:%

年份	第一产业	第二产业	第三产业
2002	21.3	45.9	32.8
2003	17.5	48.2	34.3
2004	19.3	48.9	31.8

续表

年份	第一产业	第二产业	第三产业
2005	17.9	52.1	30.0
2006	15.5	54.4	30.1
2007	14.8	55.2	30.0
2008	14.8	56.9	28.3
2009	14.2	56.5	29.3
2010	14.1	57.3	28.6
2011	13.0	57.3	29.7
2012	12.1	54.1	33.8
2013	11.9	52.5	35.7
2014	11.4	51.5	37.1
2015	10.8	49.0	40.2
2016	10.1	47.9	42.0
2017	9.3	47.4	43.3

（二）工业经济持续繁荣

2002—2017 年，河南工业经济驶入快车道。工业经济总量连上几个标志性的大台阶，为国民经济的整体繁荣做出了重要贡献。2002 年，河南工业增加值为 1430.8 亿元。到 2005 年，工业增加值翻了一番，达到 3200.2 亿元。到 2008 年，再翻一番，达到 7305.4 亿元。到 2011 年，河南工业增加值突破 1 万亿元大关，达到 11882.6 亿元。到了 2017 年，河南工业增加值已达 18452.1 亿元。随着工业产值的增长，逐步提升的是利税贡献。2002—2017 年，河南工业部门创造利税总额从 440.0 亿元增长到 5346.2 亿元，吸纳就业人员从 322.5 万人增长到 676.5 万人。随着工业经济的快速发展和经济规模的不断扩大，工业部门中的大型、超大型企业不断涌现并迅速发展壮大，成为这一时期工业经济发展成就的醒目标志。2002—2017 年，资产总额达 4 亿元以上的大型企业的数量从 321 家增长到 736 家。

（三）工业内部结构不断调整优化

2002—2017年，河南工业体系继续由技术含量低、劳动密集程度高、门类单一的内部结构向劳动密集、技术密集、门类齐全的发展格局转变。冶金、能源、纺织、机械等传统工业在改造中不断实现结构的调整升级。目前，河南钢铁工业的连铸比已提高到95.9%，比1980年提高近90个百分点，达到国际先进水平。铜、铅先进熔炼生产工艺的产能达到总产能的70%左右，电解铝自焙槽工艺已全部淘汰，改为具有国际先进水平的大型预焙电解槽技术。耗煤低、发电效率高的单机容量30万千瓦、60万千瓦机组已成为电力工业的主力发电机组，并逐步向100万千瓦级发展。落后的棉纺锭和毛纺锭得到大规模压缩，大部分棉纺织设备采用了变频调速、可编程控制器的PLC技术，基本实现了纺机产品的机电一体化。大型燃气轮机、抽水蓄能机组、直流输电设备、超临界火电机组、大型船用曲轴等实现了国产化，年产千万吨级的大型炼油厂设备自主化率高达90%。与此同时，河南初步形成了较为完整的高技术产业体系，电子信息、生物工程、航空航天、医药制造、新能源和新材料等高技术工业蓬勃发展。2017年，河南高技术产业增加值达1542.2亿元，占全部规模以上工业总产值的8.2%，高技术产业成为带动河南工业跨越式发展的重要力量。

（四）工业产品的国际竞争力显著提升

自中共十六大以来，河南工业生产逐渐从高能耗、高物耗和大型化、规模化向低能耗、低物耗和个性化、专业化的方向转变。工业产品也从“重厚大”型向“轻薄小”型转变。工业中心从接近资源或接近交通枢纽向接近智力中心转变。工业产品结构、生产工艺等领域发生的这些重大变化，推动着工业产品国际竞争力的显著提升。在这一时期，河南出口商品结构不断优化升级。工业制成品占据了出口商品的绝对主导地位，机电和高新技术产品等资本、技术密集型产品所占比重持续攀升。高技术产品出口成为新亮点。笔记本电脑、移动通信设备、集成电路等产品出口的同比增速甚至达到70%~90%，高新技术产品直接拉动外贸出口增长了13个百分点。

（五）工业经济增长方式由粗放型向集约型转变

新型工业化道路强调由粗放型向集约型的发展方式转变，注重科技进步和自主创新，全力提升经济增长的质量和效益。近年来，河南已陆续设立 180 个创新型、开放型、资源节约和环境友好型的产业集聚区。河南通过加强对产业集聚区的宏观规划，实现产业发展与土地利用、城市繁荣的有机衔接。目前，产业集聚区已成为河南构建现代产业体系和打造自主创新体系的基地与载体。产业集聚发展带来了低碳经济繁荣。2002—2017 年，河南能源消费弹性系数①从 0.87 下降 0.54。这说明，在这一时期，河南能源消费的增长速度一直低于国内生产总值的增长速度，并且这种增速上的差距还呈现扩大趋势。可见，在这一时期，国民经济的集约式增长特征已经显现。在集约型的增长模式下，工业企业更加注重关键技术创新和系统集成，一批大型工业企业逐渐在关键领域拥有了核心技术和自主知识产权。技术驱动型的经济增长特征逐步显现，2002—2017 年，河南规模以上工业企业的资产利用效率大幅提升，总资产贡献率从 9.4%增长到 22.7%，成本费用利润率从 4.7%增长到 9.5%。工业企业的劳动力利用效率同样大幅提升，全员劳动生产率从 4.4 万元/人·年增长到 21.7 万元/人·年，增幅高达 4 倍。

（六）信息化与工业化高效互动

自中共十六大以来，河南信息产业发展和信息基础设施建设得到高度重视。目前，电子及通信设备制造业的主要产品，如手机、程控交换机、微型计算机、显示器、彩电、激光视盘机等均已实现规模化生产。技术传输、高速宽带接入网、广电网、互联网、新一代移动通信装备和移动通信网、大规模集成电路、高性能计算机、大型系统软件、超高速网络系统、数字电视系统、电子政务和信息开发、公共信息资源、宏观经济数据库以

---

① 能源消费弹性系数是反映能源消费增长速度与国民经济增长速度之间比例关系的指标。计算公式为：能源消费弹性系数=能源消费量年平均增长速度÷国民经济年平均增长速度。

及交换服务中心等核心信息技术的产业化进程正在稳步推进。信息产业对传统产业的改造提升能力凸显。自中共十六大以来，信息化与工业化的融合为河南传统工业的发展融入了个性化、柔性化等新元素。在以客户需求为主导的产品生产过程中，信息技术与现代制造技术相结合，推动着传统产业的高加工度化，拓展了传统产业的比较优势。用信息化武装起来的先进制造体系，又成为信息化进程中坚实的物质基础。

（七）循环经济体系构建彰显成效

2005 年，国家发改委等六部门公布了全国循环经济首批 82 家试点单位名单，河南中铝中州分公司等 6 家企业进入国家试点，河南的试点企业数量居全国第 2 位。随后，河南确定了第一批共 21 家省级循环经济试点单位，包括 4 个城市、4 个园区和 13 家企业，基本涵盖了资源型城市和资源枯竭型城市，农业园区和工业园区以及冶金、有色、煤炭、化工、食品等河南省重点行业。由于河南煤化工、铝工业具有较好的资源支撑优势，加之这两大产业加工链条长、增值空间大、关联度高，因而成为河南构建循环经济体系的主攻方向。河南省发改委制定的《“十一五”煤化工发展规划》提出，要构筑四大煤化工产业循环链条、着力打造五大煤化工产业基地。与此同时，河南也正在着力打造铝工业产业链，建设巩义市、长葛市、上街区 3 个铝加工产业聚集区，以现有铝加工产业集群为基础，引导相关企业向园区集聚，推进企业建立专业化协作关系，构建循环经济体系。循环经济的发展理念为河南实现新型工业化道路立下汗马功劳。在河南工业经济总量规模不断扩张的同时，工业能源消耗、水消耗及资源消耗的增速，以及工业“三废”的污染物排放量增速，却明显慢于生产总值的增长。另外，工业污染也得到了有效治理，2005—2017 年，河南工业固体废物综合利用率从 68. 7%增长到 74. 7%。

第六节　惠农型“三农”发展战略

自 1995 年起，中国农民收入连续 5 年出现下滑，长期存在的城乡二元经济结构成为影响农民走上致富路的重要障碍。2001 年 12 月，中国正式加入世界贸易组织，我国农业生产开始面临新的压力与挑战。为此，中共十六大调整策略，提出统筹城乡经济社会发展的新理念。河南也确立了改变二元格局，城乡统筹发展的新目标，开始实施以惠农为根本目标的“三农”发展战略，使农业和农村经济发展进入新的阶段。

一、农地合法流转背景下的适度规模经营

2001 年中国正式加入世界贸易组织，给我国农业带来巨大挑战。应对“入世”挑战，我国必须继续大力推动农业经济体制改革，适时发展农业适度规模经营，以增强农业部门的国际竞争力。

（一）家庭联产承包责任制的不足

发展农业适度规模经营，能够在一定程度上克服家庭联产承包责任制的固有缺陷。农村实行家庭联产承包责任制，独立农户变成了农业生产主体，极大地调动了其生产积极性，促进了农业发展和农村繁荣。但是，家庭承包经营毕竟属于小农生产模式，存在一些固有缺陷，主要表现在以下方面：一是家庭经营的高度分散化。在家庭联产承包责任制中，土地和生产资料被平均分配到户，随着人口的增长，土地被无限细分，小农经济的生产规模不断收缩。根据有关部门在全国不同地区 280 个村的定点调查，1984 年，我国农户平均占有的耕地规模为 0.55 公顷。1990 年，户均耕地规模为 0.56 公顷。进入 21 世纪后，内陆农村地区户均耕地规模只有 0.46 公顷。沿海地区的户均耕地规模则更少，仅为 0.26~0.33 公顷。这种超小规模的农业经营状态，难以形成规模效应，既不利于农业机械设备的应用和农业科技的推广，也不利于农业现代化的实现。二是小而全的生产经营方式，有悖于社会化和专业化的生产原理。在我国绝大多数农村地区，农户的生产经营呈现多样化和兼业化特征。“家家小而全，户户粮棉油”的生产经营模式，既不利于农业区域种植结构的调整，也不利于农业生产的商品化、专业化和社会化。三是无力进行基础设施建设。一家一户的小农

生产模式下，农户实力有限，无力进行生产性投资。由于土地及生产资料分配到户，村集体的组织功能被削弱，导致水利等农业基础设施建设严重滞后。在21世纪之初，我国的农田水利工程还基本上是修建于20世纪六七十年代的老化设施。这导致农业生产抗灾能力差，产品产量随灾情大幅波动。四是生产行为的短期化。农民缺乏对土地进行长期投资的积极性，对土壤资源的掠夺式生产开发，导致肥力下降、水土流失等现象严重。五是一家一户的小生产模式难以实现与大市场的有效对接。高度分散的农户没有精力去获取、分析和正确把握市场信息，在市场体系中处于不利的交易地位。农产品市场存在信息不完善、运转不灵等问题，加之流通环节的滞塞，导致市场信号常常被扭曲，给生产者以误导。在这种情况下，市场对农业结构的调整过程，往往会大涨大落，买难与卖难交替出现。推进农业适度规模经营，为克服家庭联产承包责任制的缺陷提供了新的思路。农业经营规模的扩大，可以使农业生产获得规模效应，便于机械化运作和农业科技的推广。大型农业运营主体市场注意力和判断力的提升，也有利于其根据市场需求灵活调整种植结构，从而真正实现农业生产的专业化、商品化和社会化。

（二）建立农村土地合法流转的新型土地制度

农业适度规模经营的实现，有赖于土地合法流转制度的确立。只有承认土地流转的合法性，那些从事第二、第三产业的农户，才能将不便经营或不愿经营的承包地自愿有偿地转让出去，而那些擅长农业经营的种植大户才敢放心接包，农业适度规模经营也才有可能发展起来。因此，中央一再强调：要在稳定土地承包关系的基础上，依法有偿地推进土地流转。2002年8月，九届全国人大通过了《中华人民共和国农村土地承包法》。这部法律赋予农民长期且有保障的土地使用权。农村土地承包当事人的合法权益受到重视和维护，为农村土地的合法流转奠定了制度基础。2002年11月，中共中央发布《关于做好农户承包地使用权流转工作的通知》。该通知对土地经营权流转制度改革做出指引，推动着农村土地政策的丰富与发展。2008 年 10 月，中共十七届中央委员会第三次会议通过了《中共中央关于推进农村改革发展若干重大问题的决定》，明确了农村土地流转必须遵循的基本原则，即“三个不得”：不得改变土地集体所有性质、不得改变土地用途、不得损害农民土地承包权益。这“三个不得”，实质上是在坚持家庭承包经营制度不变的基础上，在稳定完善土地承包关系的前提下，将土地的承包经营权暂时转出，土地的所有权仍归村集体所有。

（三）发展农业适度规模经营的政策导向

邓小平曾指出：从长远来看，中国社会主义农业的改革和发展，有两个飞跃。第一个飞跃，是实行家庭联产承包为主的责任制。第二个飞跃，是发展适度规模经营。这一论断清晰指明：发展“适度规模经营”是我国农业经营方式的演进的大势所趋。2007 年 10 月，在中共十七大对我国“三农”工作的整体部署中，再次突出强调：要在有条件的地方发展多种形式的适度规模经营。

（四）河南农村的土地流转与规模化经营

21 世纪以来，随着农村劳动力向第二、第三产业的大量转移，在河南的农村地区，土地流转表现出一些新特征：一是土地入股成为土地流转的新方式。随着工商业企业进入农业领域，一些地区出现了以土地使用权为股份，兴办股份合作制企业的土地流转新形式。在这种合作模式下，农民以土地使用权入股，成为企业的股民，根据股权获取相应的收益。一些农民还成为企业的工人，在股权收益之外还获得工资报酬。股份合作制是农业领域的新生事物，有利于股东和公司之间的“利益共享、风险共担”，并逐渐发展成为一种推进农业适度规模经营的有效形式。二是土地流转由自发流转为主，转变为以政府介入、引导为主。反租倒包成为土地流转的重要形式。出现这种转变的原因在于，卖粮难和居高不下的耕种成本，使耕种土地的预期收益大幅下降，一些地方出现土地使用权流转中无人愿意接包和土地抛荒的现象。因此，基层政府不得不采取反租倒包的形式，先将农民的承包地集中起来，再另行组织发包。此外，企业和专业大户进入农业领域时，为降低与小规模农户谈判的烦琐，也需要基层政府的中介作用。

二、推动农业产业化发展

自20世纪50年代以来，由于农业生产、加工和销售环节彼此脱节，导致农产品卖难和买难的现象交替出现，农民的利益受到损害。针对这种情况，一些地区逐渐形成了农业产业化的发展思路。农业产业化以市场为导向，以农户为根本，依托龙头企业或中介组织，建立合理的利益分配机制，将农业生产的产前、产中、产后环节连接为完整体系，实现产供销一条龙、农工商一体化。

（一）农业产业化经营的政策导向

农业产业化的经营思路，最早起源于山东。1995年12月，《人民日报》刊文介绍山东潍坊市发展农业产业化的经验，将农业产业化称作农村改革和发展的“第二次飞跃”。自此，以贸工农一体化、产加销一条龙为主要特征的农业产业化经营，如雨后春笋般地在全国各地迅速兴起。2004年1月，中央一号文件提出要把农业产业化经营当作增加农民收入的长期政策，强调各级财政要安排支持农业产业化的专项资金，较大幅度地增加对龙头企业的投入。日渐明朗的政策导向有力地促进了我国农业产业化经营的普及和发展。

（二）农业产业化经营的发展实践

河南积极响应中央号召，根据各地区的发展水平和自然条件，在实践中发展出多种形式的农业产业化运营模式，主要包括以下方面。①加工企业带动型。以加工企业为龙头，以龙头带基地，以基地连接农户，形成产加销一条龙的经营体系。②贸易公司带动型。以贸易公司为龙头，组织农户生产，形成“公司+基地+农户”的一体化经营形式。③专业市场带动型。通过农产品交易市场带动特定区域的专业化生产，形成“市场+基地+农户”的产业化经营体系。④中介组织带动型。以中介组织为龙头，实现产加销一体化经营。中介组织发挥沟通信息、协调关系、合作开发、科技服务等多种职能。⑤科技组织带动型。以科委、农技推广站或民间科研组织为龙头，实施农科教相结合，形成贸工农一体化经营。以丰富的农副产品资源优势为基础，河南大力发展农业产业化经营，已成为全国粮食转化加工第一大省。截至2017年，河南已有年销售额超过8000万元、带动农户能力达3000户以上的省级重点农业产业化龙头企业716家。其中，漯河市的双汇集团是世界第四、亚洲最大的肉类加工企业，产销规模居全国食品加工业之首。集农产品加工、食品制冷和冷链物流加工服务于一体的长葛市众品食业，是第一家在美国纳斯达克上市的中国食品公司。集技术研发、示范种植、冷藏保鲜、加工出口、工业旅游于一体的新郑市“好想你”枣业，是全国规模最大的红枣加工企业。

三、惠农型农业财政政策

改革开放以来，国民经济的飞速增长使我国财政部门积累了工业反哺农业、城市支持农村的经济实力。2004年，我国国内生产总值为13万亿元，财政收入为2.6万亿元。此后，党中央陆续出台了一系列惠农政策，逐步确立了工业反哺农业、城市支持农村的政策方向。

（一）不断加强“三农”投入

自中共十六大以来，每年的中央一号文件中，都会特别强调财政对于“三农”的支持力度。2006年，中央一号文件首次构建了关于新农村建设的财政长期投入机制。2007年，中央一号文件要求各地用于农民直接补贴的资金要达到粮食风险基金的50%以上。2009年，中央一号文件提出要大幅增加对中西部地区农村公益性建设项目的投入。2010年，中央一号文件明确提出财政支出、预算内固定资产投资、土地出让收益都优先支持农业和农村发展。此后各年的中央一号文件，一直延续这种重视农业、反哺农业的政策精神，强调继续加大各种各类农业补贴的强度，并将新增补贴向主产区和优势产区集中，向种养大户、家庭农场、农民合作社等新型生产经营主体倾斜，从而确保农业生产获得合理利润，让粮食主产区财力逐步达到全国或全省平均水平。

（二）逐步取消农业税

为了探索减轻农民负担的治本之策，中央的工作重心逐步从农民减负向农村税费改革转移。2002 年 2 月，我国开始在安徽等地进行农村税费改革试点。改革的主要内容是“三取消、两调整、一改革”，即取消乡统筹费、农村教育集资、屠宰税，调整农业税和农业特产税，改革村提留征收使用办法。2004 年 1 月，中共中央出台《关于促进农民增加收入若干政策的意见》。根据文件精神，我国继续推进农村税费改革。2004 年的农业税税率总体上降低 1 个百分点，同时，取消除烟叶外的农业特产税。2005 年 1 月，中共中央发布《关于进一步加强农村工作提高农业综合生产能力若干政策的意见》。该意见提出“多予、少取、放活”的农村改革方针。该意见中的最大亮点是宣布自 2006 年起在全国范围内免征农业税。与此同时，国家通过转移支付制度，弥补农业税减免造成的基层税收减少，以使农业税费改革得以顺利实施。农村税费改革惠及全国的 8 亿农民。据测算，与农村税费改革前的 1999 年相比，2006 年全国农民每年平均减少负担超过 1000 亿元，人均减负约 140 元。取消农业税是党中央实行的一项重大改革举措，此举对加强农业基础地位、保护农民利益具有重要意义，有利于进一步增强农业竞争力，推动农村基层政府转变职能、精简机构，也有利于统一城乡税制，实现社会公平，促进协调发展。

四、建设社会主义新农村

为了把城镇化进程和解决“三农”问题充分结合，2005 年 10 月，中共十六届五中全会发布《中共中央关于制定国民经济和社会发展第十一个五年规划的建议》。该建议指出：建设社会主义新农村是我国现代化进程中的重大历史任务，要按照各地尊重农民意愿，从实际出发，稳步推进新农村建设。在党中央的高度重视下，新农村建设深入人心，成为共识，全国各地涌现出建设新农村的高潮。社会主义新农村建设的内容逐步拓展，涉及教育、就业、医疗、住房、社会保障、收入分配等各个民生领域。建设目标也逐渐从“共同富裕”走向“人的全面发展”。

（一）发展农村教育事业

为发展农村教育事业，2005 年 3 月国务院发布的《政府工作报告》中提出：从 2005 年起，免除 592 个贫困县约 1400 万农村贫困学生的书本费、杂费，并补助住宿学生生活费。2006 年 1 月，中央一号文件进一步明确提出：用两年时间，全部免除全国农村义务教育阶段的学生学杂费。自此，广大农村实现了真正意义上的全民义务教育。

（二）构建农村社会保障制度

河南积极响应中央政策，不断探索完善农村社会保障制度，主要举措包括以下方面：一是初步搭建农村社会救助制度框架。2004 年，《河南省灾害应急救助工作规程》出台，对灾民救助制度加以完善。2005 年，河南省民政厅、卫生厅、财政厅发布《关于全面建立农村医疗救助制度的通知》，细致规划了农村医疗救助制度体系。2006 年，河南省政府发布《关于全面建立和实施农村居民最低生活保障制度的通知》，对农村低保对象和低保标准等问题做出明确规范。二是开展农村医疗保障制度改革。根据国家的统一部署，河南于 2003 年在 25 个县（市）启动新型农村合作医疗制度改革试点。试点工作使河南基本形成新型农村合作医疗的制度框架，初步搭建起由政府领导、卫生部门主管，经办机构组织运作，医疗机构提供服务，农民群众积极参与的运行机制。2016 年，河南省政府发布《关于整合城乡居民基本医保制度的实施意见》，提出“全面实施统一的城乡居民医保制度”。自此，河南省 8000 多万户农村居民开始与 1100 多万户城镇居民一样，平等地享受城乡居民医疗保障待遇。农村医疗保障制度的改革在一定程度上缓解了农民因病致贫、因病返贫等问题。三是建立较为完善的农村“五保”供养制度。根据国务院 2006 年新修订的《农村五保供养工作条例》，河南建立了“政府牵头、民政负责、财政投入、按标施保、应保尽保”的“五保”供养工作新体制。

（三）从村民自治到农村社区管理

与新农村建设的思路一致，农村管理也逐渐从单纯的村民自治转变为农村社区管理，这代表着农村管理理念从“治理”到“服务”的转型。2008年10月，民政部在全国共确立了304个试点县（市、区）的2.04万个村庄开展农村社区建设的试点工作。这些试点村占全国行政村总数的3.2%。2012年，依托《河南省新型农村社区规划建设标准》，河南在全省范围内启动2300个新型农村社区建设试点。这些试点村成功探索了一批各具特色的建设模式，具体包括郑州市迁村并城模式、舞钢市城乡一体模式、义马市整体搬迁模式、浚县村企一体模式等。

河南的新型农村社区建设，不是简单的人口聚居，也不是村庄翻新，而是要在农村营造一种新的社会生活形态，让农村居民享受跟城市居民一样的公共服务。新型农村社区建设基于农民自愿的原则，以提高农民生活质量为目标，动员农民到社区购房建房，交出原来的旧宅用于复耕。此举在提高农村土地利用效率的同时，又可大幅改善农民的生活环境，使城乡居民共享我国经济发展、社会进步带来的物质财富和精神硕果。

五、把增加农民收入作为农业和农村工作的中心任务

农业经济的迅猛发展，还应该转化成农民收入的现实增长，这样才能够真正调动农民生产的积极性。农民增收难，是我国“三农”中最突出的问题，也是各年中央一号文件必提的重要话题。尽管农民收入问题获得高度关注，但改革依然任重而道远。实际上，制约农民收入增长的因素十分复杂。它既是农村经济结构性长期失衡的反映，也是国民经济发展长期积累的结果。因此，要想在短时期内迅速扭转局面，就需要坚持“多予、少取、放活”的指导方针，从统筹城乡经济社会发展的全局出发，对农业和农村经济进行结构调整，

在中央政策的指引下，河南政府积极发展农村第二、第三产业，拓宽

农民增收渠道。大力发展小城镇经济，加大对乡镇企业的技术改造。积极发展优势农业，壮大县域经济，实现产、供、销一体化。开展农民职业技能培训，清理有关农民工就业的歧视性规定。上述举措直接拉动了河南的农业丰收和农民增收。2002—2017 年，河南农林牧渔业总产值从 1288.4 亿元增长到4139.3 亿元，年均增长 8.1%。农民年人均纯收入也大幅增长，从 2215.7 元增长到 12719.0 元，年均增长 9.0%。特别是在取消农业税后的 2006 年和 2007 年，增幅达到峰值。受次贷危机引发的全球性金融危机的影响，2008 年和 2009 年，河南农民人均纯收入的增幅回落到 7.2%和 7.9%。但之后再次出现恢复性增长。收入的持续增长带来消费结构的升级，农村居民消费的恩格尔系数从 0.48 逐步下降到 0.32。收入增长也带来物质文化生活的显著改善，除基本生活用品外，高档消费品开始大量进入农村普通家庭。农村居民家庭抽样调查显示，2017 年，河南每百户农村居民家庭拥有生活用汽车 19 台，拥有空调机 75 台，拥有家用电脑 31 台，其中接入互联网的有 21 台。此外，每百户农村居民家庭拥有的生产性用房及建筑物面积达 675.5 平方米。

第七节　统筹城乡发展战略

中共十六大提出统筹城乡经济社会发展的思路，城乡统筹发展，要求实现以城带乡，以乡促城，城乡互促的协调发展局面。这也是在新的时代条件下，河南政府面临的新的挑战。试验和探索工农互助、共同发展的新模式，为河南的城乡统筹发展带来新的空间和资源。

一、逐渐固化的城乡二元结构及其衍生问题

（一）中国的城乡二元经济结构逐渐固化，并呈现复杂化特征

一是城乡人口的结构性矛盾突出，城市化总体水平偏低。根据世界一般规律，城市化会超前或同步于工业化，但在我国，城市化却滞后于工业

化程度。1952—2002年，我国人口城市化水平虽然从12.5%提高到39.1%，但与世界平均水平相比，依然低了10个百分点。与同等工业化程度的国家相比，大约低20个百分点。城市化进程缓慢，影响了城乡资源的合理配置和经济效益的整体提升。二是形成城乡彼此独立的两大经济板块。这两大经济板块，不仅在企业性质、发展目标、经济行为、经营环境和运行机制等方面存在差异，在资源分配和利益分享等方面也存在矛盾点。

（二）城乡经济发展差距日益扩大，“三农”问题逐渐形成并日益凸显

自改革开放以来，中国城乡经济联系显著增强，矛盾状况有所缓和。但由于我国农村经济的发展起点低，农业劳动生产率低，导致城乡经济发展水平的差异依然很大。自中华人民共和国成立到改革开放初期，我国城乡居民收入比保持在2.5∶1左右。改革开放后，城乡居民收入比一度在1984年缩小到1.7∶1。但自1985年起，城市改革起步，职工收入增加，城乡差距重新拉大。到2002年，我国城乡居民收入比提升到3.1∶1。如果将城镇居民的住房、医疗、教育、交通、失业保障等方面享有的各种福利考虑在内，城乡居民的实际收入差距将会更大。收入差距的不断扩大导致农村消费市场日渐萎缩，成为制约国民经济发展的重要因素。

（三）城乡差异导致利益分配不均衡

我国自1958年实行城乡分割的户口管理制度以来，在我国，非农业人口与农业人口之间、城市居民和农民之间形成了两大群体。两大群体的差异主要表现在以下方面：一是就业方面的差异。尽管自改革开放以来，户口管理有所松动，允许农民自由进城务工，但是，户籍制度并没有实质性的改变。地方政府制定的城市发展规划和社会公共事务规划中，往往忽视了农民群体的需要。城镇社会保障制度也未将农民工纳入其中。农民工成了城市中的边缘群体和弱势群体。二是受教育程度的差异。由于当时国家的教育经费短缺，有限的资金大多用于支持城市教育事业的发展，造成农

村教育投入低，农村人口的文化程度普遍低于城市人口。据第五次全国人口普查统计，农村初中及以上文化程度者仅占总人口的39.1%，远低于城市65.4%的水平。三是社会保障程度的差异。根据民政部的统计，2002年，全国城市居民中领取最低生活保障金的达205万人，国家低保支出金额为112.3亿元，基本实现了“应保尽保”。而在广大农村，低保制度尚未建立完善。得到低保扶助的人口仅占应保人数的25%。城乡人均社会保障费的比例为24∶1。此外，由于农民的受教育程度低，也较少参与政治活动，在我国近3000名全国人大代表中，农民代表的比例较少，这使得农民群体的利益得不到应有的重视。

二、确立统筹城乡经济社会发展的新思路

城乡统筹发展，是一项长期而又复杂的社会系统工程。其目的是要消除城乡二元的经济和社会结构，促进城乡之间资源的均衡配置，使城乡居民共享经济社会的发展成果。

（1）提出城乡统筹发展的现实依据，在于城乡二元经济社会结构及其衍生的社会问题。中国现代化目标的实现，离不开农村、农业的发展。农业的积累和农民的支持，曾经为我国工业化体系的构建做出了重要贡献。但这种提取方式形成了城乡资源的倒流机制，成为形成我国城乡二元经济社会结构的主要原因。没有农民参与的小康，不是真正意义上的小康；没有农民参与的现代化，也不是真正意义上的现代化。因此，打破城乡分割的发展体制势在必行。

（2）提出城乡统筹发展的社会历史条件是我国进入工业化中期的具体实际。世界经济的发展规律表明，当一国的人均GDP达到1000美元，即工业化进入中期阶段以后，将进入由二元经济结构向一元经济结构转换、改善城乡关系的新阶段。党中央提出城乡统筹发展的战略思想，正是基于我国工业化发展进程的实际。进入工业化中期阶段后，我们已初步具备了大力支持农业和农村发展的条件与能力。可以说，推进城乡统筹发展是我国经济社会进步的必然选择。

三、城乡关系政策的转型

自中共十六大提出统筹城乡经济社会发展、全面建设小康社会的任务以来，中国城乡政策出现了一系列新变化。这一时期的政策转型主要体现在以下方面。

（1）在指导思想上，逐渐走出重视农业基础作用、忽视农业战略地位的误区，实现由工农非均衡发展向统筹发展的转变。一是提出“多予、少取、放活”的农村工作指导方针。二是以科学发展观统领经济建设全局，“统筹城乡发展”被视为经济社会发展的首要战略任务。三是提出统筹城乡发展对构建和谐社会的基础性作用。四是高度重视城乡统筹发展的体制机制建设问题。具体地，推进城乡统筹发展，强调如下方面的机制建设：①统筹土地利用和城乡规划，合理安排城镇建设的空间布局。②统筹城乡产业发展，引导生产要素向农村合理流动。③统筹城乡基础设施建设和公共服务，提高农村公共事业的财政保障。④统筹城乡劳动就业，引导农民有序外出就业，扶持农民工返乡创业。⑤加强农民工权益保护，逐步实现与城镇居民的同等待遇。⑥统筹城乡社会管理，推进户籍管理制度改革，使在城镇稳定就业和居住的农民有序转变为城镇居民。

（2）在路径选择上，逐渐走出重视农村支持作用、忽视城市带动作用的误区，实现由城乡单向运动向良性互动的转变。一是切实增加农民收入。发展贸工农一体化的农业产业化经营，提高农业的综合效益，按保护价收购农民余粮，促进农民增收。二是推进立足于农民减负的农村税费改革。2004 年 4 月，全面推行的农村税费改革工作，因减免农业税、取消除烟叶以外的农业特产税的“两减免”政策，减轻农民负担 302 亿元。2006 年，在全国范围内取消了农业税，将“农业三税”画上了历史的句号。与农村税费改革前相比，每年减少农民负担总额超过 1000 亿元，人均减负 120 元左右。三是放宽农民进城务工政策。提出“公平对待，合理引导，完善管理，搞好服务”的农村劳动力流动指导方针，强调保障务工农民的基本权益，逐步建立完善务工农民的社会保障制度，改善农民外出务工的就业环境。四是加大国家财政对农村各项社会事业的支持力度。2003 年 1 月，中共中央发布《关于做好农业和农村工作的意见》。该意见指出：要把农村社会事业建设纳入财政支持范围。并且“今后每年新增的教育、卫生、文化等事业经费，主要用于农村”。

（3）在城乡矛盾的解决方式上，逐渐走出重视行政手段、忽视经济调节的误区，实现城乡矛盾解决方式由单一化向多样化的转变。在中华人民共和国成立后的较长时期里，我国主要依靠指示、命令等行政手段处理城乡关系。随着经济体制改革的不断深化，党中央逐渐意识到“发展是解决一切问题的关键”，发挥市场在资源配置中的基础性作用，发展商品经济，提升社会生产力水平，才是解决城乡矛盾的根本之道。因此，近年来，国家开始采取政策扶植、市场引导、经济驱动的多种途径来化解城乡矛盾，更注重对价格、税收、分配、金融、投资等经济手段的运用。

四、河南统筹城乡发展的政策新体系

自 2006 年开始，河南大力推进社会主义新农村建设，使县域经济蓬勃发展，城乡统筹发展体系日益成熟。在河南各地市中，新乡无疑已走在了全省统筹发展的前列。2011 年 12 月，河南新乡成为全国农村改革试验区。河南新乡作为统筹城乡发展试验区的建设经验主要包括以下方面。

（一）宏观战略

经过反复论证，2006 年初，新乡市确立了“三位一体”的城乡统筹发展战略。新乡的城乡统筹发展工作，坚持社会主义新农村建设、县域经济发展、中原城市群新乡都市区建设的“三位一体”。三个部分统筹谋划、互为支撑，共同构成新乡市统筹城乡发展的三大支柱。城乡统筹发展战略以社会主义新农村建设为重点与核心，以县域经济发展、产业结构调整为切入点和重要保障，以中原城市群新乡都市区建设为动力源。统筹城乡发展必须以县域经济为切入点，原因有以下几点：一是从空间布局来看，县域是城乡经济社会相联结的过渡带。二是从经济特质来看，县域经济是直接面向“三农”的产业经济，对农村经济发展具有明显的带动作用。三是从县级政权的地位和作用来看，县（市）作为地方政府，可以依托农村腹地，实施“以城带乡、以工促农”的县域经济发展理念。统筹城乡发展必须重视区域中心城市的带动和辐射作用。为此，新乡市加快以路网为核心的基础设施建设，打造“30分钟通勤圈”，实现从中心城区30分钟可直达六座卫星城和大型产业聚集区。

（二）规划先行，“三化”协调发展

自2006年开始，新乡市在工业化和城镇化的整体规划中，综合考虑农民富裕、耕地保护和粮食安全等因素，加快中心城市的建设步伐，以此带动县域城镇和新型农村社区的内涵式发展，从而构建起一套多层次、广覆盖的现代城镇体系，形成了高标准的产业布局与合理化的就业格局。

（三）政府引导与民众自愿相结合，推进新型农村社区建设

基于民众自愿、因地制宜的原则，新乡将全市共3571个行政村整合规划为1050个新型农村社区。将分布于重点乡镇、县城规划区、市区、产业集聚区和干线公路两旁等关键位置的369个社区，作为发展建设的重点。坚持规划先行、分类指导的原则，以多种模式建设新型农村社区。

（四）以产业为基础，促进农村劳动力就近转移就业

新乡市坚持以产业促就业的指导方针，通过建设产业集聚区、规划农民创业园、促进农民创业就业、发展现代农业这四大途径，逐步实现就近转移农民、就近城镇化。

（五）改革创新，完善各项扶持政策

新乡市在改革创新方面，一是鼓励社会力量参与社区建设，形成以政府投入为主的多元化投入机制。二是尽可能地节约用地，合理分配土地收益，将土地收益全部用于社区建设和农村发展。三是出台养老保险、就业贷款、医疗服务、户籍办理等“一揽子”配套优惠政策，鼓励农民向社区和城镇集中。

五、政策绩效：城乡协调发展的新格局基本形成

自全面推行城乡统筹发展战略以来，河南传统的城乡二元经济社会结构得到了根本性的改变，农村面貌发生了根本性转变。

一是“三化”协调的发展格局初步建立。由国家区域性中心城市、地区性中心城市、县域中心城市、中心镇和新型农村社区组成的“五级现代城镇体系”已初具规模。自2002年以来，河南城镇化率年均提高1.2个百分点，2017年城镇化率达到44.2%。全省第二、第三产业的产值比重达90.7%，工业化率达到41.4%。粮食总产量连年大幅增长。农村劳动力中从事第二、第三产业的比重由2002年的27.6%提高到2017年的48.9%。在入住新型农村社区的农户中，从事第二、第三产业的比重由入住前的49.8%提高到入住后的79.1%。

二是城乡居民收入差距呈缩小趋势。2017年，河南农民人均纯收入同比增长12.7%，增幅比城镇居民人均可支配收入的增长高出4.3个百分点。入住新型农村社区的农户收入增长高于平均水平20%。城乡居民收入比由2003年的3.1∶1缩小到2017年的1.89∶1。农村居民家庭消费的恩格尔系数由2002年的48.0%下降到32.1%。

三是农村居住新环境已现雏形。在新乡重点规划区域内建设的新型农村社区，基础设施和公共服务设施齐全，社区服务和管理体系完善，产业发展协调，人居环境舒适。已入住中心村的村民，在户籍、培训、就业、医疗、教育和居住方式等方面享受与城市居民的同等待遇，真正实现了“农民市民化、乡村城市化”。

四是农业集约化发展方式基本实现。农民外出务工，为土地流转创造了条件，土地向种粮大户和合作社集中，传统农业向高效农业发展转型。例如，在省级贫困乡延津县王楼乡，合作社和种植大户获得流转土地万余亩；长垣县农民企业家孙景宏与荷兰瑞克斯旺（中国）股份有限公司合作，投资3.2亿元建成河南绿港现代农业股份有限公司，带动20万亩蔬菜种植。

第八节　以和谐共享为基本思路的收入分配战略

21 世纪之初，公平分配日益成为全社会关注的焦点。地区间、行业间、单位间从业人员的收入差距不断拉大。改革收入分配制度日益被关注，以和谐共享为基本思路的收入分配战略走上前台。

一、和谐共享思想的产生背景

（一）和谐共享是对共同富裕的继承与发展

实践证明，改革开放后，我国采取“让一部分人、一部分地区先富起来”的战略是正确的，这是一条加速发展，达到共同富裕的有效途径。但是，随着时间的推移，这一政策导致的贫富差距逐渐和发展社会主义的初衷——共同富裕相违背。改革开放的总设计师邓小平，其实在一开始就考虑了这一问题：“经济发展到一定程度，必然搞共同富裕”，就是他对这一问题的回答。因此，自中共十六大以来，以注重公平、促进和谐为核心的收入分配改革，与邓小平的先富共富和共同富裕思想是一脉相承的。

（二）共享发展成果、实现共同富裕是构建和谐社会的内在要求

社会公正的核心要义，是实现全体社会成员对社会资源和社会财富的合理分配。要构建公平正义的社会主义和谐社会，就必须坚持“资源共享，普遍受益”的原则，把调节不同利益群体的关系、缩小贫富差距作为一项核心任务。

（三）改革开放取得的巨大成就为和谐共享打下了坚实的物质基础

2002 年，我国 GDP 为 120333 亿元，分别相当于美国、日本和德国的 13.9%、37%和 71.8%。2006 年，我国人均国民收入达 2010 美元，步入中等收入国家行列。正如邓小平同志所料，我国的社会生产力水平在 21 世纪有了明显提高，在经济总量、综合国力方面有了显著提升后，我国已具备

缩小贫富差距、促进社会公平的物质基础。中国也开始从一部分地区、一部分人先富起来的阶段，向先富带动后富、最终实现共同富裕的阶段过渡。

二、和谐共享思想的具体实践

继续推进共同富裕，是我国全面建设小康社会、努力构建和谐社会的具体实践。

（一）高度重视一次收入分配过程中的制度改革

2003 年 1 月，中共十六届三中全会提出：整顿和规范分配秩序，加大收入分配调节力度，重视解决部分社会成员收入差距过分扩大的问题。可以说，以收入分配制度作为改革的切入点解决贫富差距问题，是抓住了问题的根本。

（二）确立劳动、资本、技术和管理等生产要素按贡献参与分配

自改革开放以来，我国沿着市场化这条主线对收入分配制度进行了一系列改革探索。中共十五大解决了其他生产要素参与收入分配的问题。中共十六大进一步解决了其他生产要素是什么，以及应怎样参与分配的问题。中共十六大报告提出的“资本、技术和管理等生产要素按贡献参与分配的原则”是我国分配制度改革的重大突破。中共十九大报告在“推进以改善民生为重点的社会建设”部分，进一步提出“创造条件让更多群众拥有财产性收入”。

允许和鼓励生产要素按贡献参与分配，将具有以下方面的政策优势：一是能够形成有利于经济增长的激励机制。多元化的分配方式可以使掌握不同生产要素的社会成员，通过不同的分配渠道来实现自己的利益，这将激发人们的利益动机，调动生产的积极性、主动性和创造性。二是降低信息费用。生产要素按贡献参与分配，把利益分配的决定权交给了市场。生产要素的所有者根据市场价格的变动和供求关系的变化，适时地调整自身的生产方向和投入规模，大大降低了信息的搜寻成本。三是为实现人民群

众的利益最大化提供制度保障。一切劳动、知识、技术、管理和资本的活力竞相迸发，一切创造财富的源泉充分涌流，进一步从分配领域促进经济的快速发展。

（三）通过“提低、扩中、调高”实现二次分配制度改革

中共十九大报告中提到：初次分配和再分配都要处理好效率和公平的关系。效率与公平的关系，不仅仅是“效率优先、兼顾公平”。再次分配更加注重公平这一说法，更说明党中央注重从再分配领域入手，寻找解决收入分配差距的途径。

效率与公平需要结合、并重的新思维包含两个层面的主要内容：一是在初次分配领域，在强调效率的同时也要注重公平，制定好公平性的事先规制，从而为经济发展提供持续动力。二是在再分配领域，更加注重公平。通过转移支付、税收制度等途径，致力于缩小收入差距，使全体人民共享发展成果。

2006 年 5 月，中共中央政治局召开会议指出：要着力提高低收入者收入水平，扩大中等收入者比重，有效调节过高收入，取缔非法收入。此后，中央把“提低”放在首要位置，即提高城镇居民最低生活保障标准、企业退休人员的退休金、最低工资标准、失业保障等标准，成为各级政府研究工作部署的重要内容。在“提低、扩中”的基础上，还要强调“调高”。要完善个人所得税制度，健全反对垄断、打击非法收入、反对商业贿赂等法律法规，为“调高”提供法律支持。自从改革开放以来，我国收入分配领域的每一次改革推进，都是以公平正义为价值基础，以共同富裕为终极目标的。但不同的是，在各个经济发展阶段，社会文化观念中的公平正义也不尽相同。改革开放前，“大锅饭”和平均主义，在很长一段时间内被认为就是公平正义；随着市场经济体制改革的深入，“按劳分配为主体，多种分配方式并存，生产要素按贡献参与分配”的原则，以及缩小收入差距的举措，更符合大多数人心目中的公平正义。

（四）大力发展社会保障事业，让低收入群体共享经济发展成果

2006 年 10 月，中共十六届六中全会提出：到 2020 年基本建立覆盖城

乡居民的社会保障体系，这成为我国构建社会主义和谐社会的重要目标。目前，我国社会保障制度的框架体系已基本形成。在城镇，涵盖养老、医疗、失业、工伤和生育保险、最低生活保障的社会保险制度日臻完善；在农村，社会保险的覆盖范围逐步扩大，基金支撑能力迅速增强。低收入群体也得以共享改革开放以来经济发展的巨大成就。

三、收入分配制度变迁的显著成效

（一）分配领域中激励机制的确立，调动了广大劳动者的生产和经营积极性

实践证明，自中共十六大以来，个人收入分配制度改革重塑了激励机制，进一步调动了广大人民群众的极积性和创造性，使国民经济得到了突飞猛进的发展。2002—2017 年，河南国内生产总值从 6035. 5 亿元增长到 44552. 8 亿元，按照可比价计算，增幅高达 387. 8%。2002 年，河南人均国内生产总值仅为 6487 元，按照当时的汇率换算，尚不足 1000 美元。到 2011 年，人均国内生产总值增长到 28661 元，跨上了 4500 美元的台阶，10 年间翻了两番。到 2017 年，河南人均国内生产总值继续增长到 46674 元，已超过 6000 美元。

（二）收入分配制度的变迁，使人民收入快速增长，生活水平不断提高

一是城乡居民收入实现快速增长。2002—2017 年，河南城镇居民人均可支配收入从 6245. 4 元增长到 29558. 0 元。农村人均纯收入从 2215. 7 元增长到 12719. 0 元。在居民收入快速增长的同时，收入构成也发生了变化。二是城乡居民消费水平进一步提高。随着城乡居民收入水平的大幅提升，居民消费支出也持续增长。2002—2017 年，河南城镇居民全年人均消费性支出从 4504. 7 元增长到 19422. 0 元，年均增长 10. 2%。农村居民人均消费性支出从 1451. 5 元增长到 9212. 0 元，年均增长 13. 1%，消费支出的增速

明显快于收入的增速。城乡居民消费结构向发展性和享受性的方向发展。2002—2017 年，河南农村居民的恩格尔系数由 48.0%下降到 32.1%，下降了 15.9 个百分点。农村居民在交通和通信、医疗保健、文教娱乐方面的服务性支出占家庭全年总支出的比重大幅上升。生活用汽车、电脑进入农民家庭，成为这一时期新的消费亮点。2017 年，河南每百户农村居民家庭拥有生活用汽车 19 台，空调机 75 台，家用电脑 31 台，其中能接入互联网的为 21 台。此外，每百户农村居民家庭拥有的生产性用房及建筑物共计 675.5 平方米。在城镇，发展性和享受性消费的比重也显著提高。2002—2017 年，每百户城镇居民家庭拥有的家用汽车从 0.26 辆增长到 32 辆，家用电脑更是实现了基本普及，每百户城镇居民家庭拥有的家用电脑从 14 台增长到 73 台，其中能接入互联网的电脑已达 57 台。每百户城镇居民家庭拥有的移动电话从 42 部增长到 237 部，其中能接入互联网的移动电话为 137 部。

（三）社会就业规模稳步扩大

工资收入仍是普通百姓的主要收入来源。中共十六大以来，河南就业压力依然较大。河南省委、省政府审时度势，实施了积极的就业促进政策。2002—2017 年，河南实现城镇新增就业 673 万人。在就业总量持续稳定增长的同时，就业结构也得到进一步优化。2002—2017 年，河南第一产业从业人员从 3398 万人减少到 2494 万人，净减少 904 万人；第二、第三产业从业人员分别增长 251 万人和 493 万人。河南第一、第二和第三产业从业人员的比重由 2002 年的 61.5∶18.8∶19.7 转变为 2017 年的 36.9∶31.1∶32.0。在这一时期，河南结合本省劳动力供给的实际情况，加大了对劳动密集型产业的扶持力度，创造了大量的就业机会。同 2002 年相比，2017 年河南制造业就业人数从 590.6 万人增长到 1286.7 万人，净增加了 696.1 万人，是国民经济体系中就业人数增长最多的行业。同期，批发和零售、住宿和餐饮等行业也居于各行业就业人数增加量的前列。

随着经济结构的调整和国有企业改革的不断深化，非公有制经济成为新的就业增长点，私营个体等非公有制经济在吸纳社会劳动力就业方面的作用进一步增强。2017 年，河南城镇国有和集体等公有制经济单位就业人员共计 390 万人，比 2002 年减少了 174 万人。有限责任公司、股份有限公司、外商和港澳台商投资企业、私营个体等单位就业的人员从 156 万人增长到 917 万人。在努力扩大就业的同时，政府还采取多种措施加强失业调控。在这一时期，河南人口多、劳动力供大于求的矛盾依然存在，国有企业、集体企业下岗失业人员的再就业问题尚未全部解决，高校毕业生等新生劳动力的就业问题、农村剩余劳动力和被征地农民的就业安置问题凸显。在这一严峻的就业形势下，党和政府积极采取了失业调控政策。2002—2017 年，河南城镇登记失业率保持在 2.9%~3.4%的较低水平，维持了就业形势的基本稳定，为创建和谐稳定的社会环境发挥了重要作用。

第九节　创新型河南发展战略

科学发展观模式，是把自主创新作为推动经济发展方式转变的关键。自主创新为落实科学发展观提供了有力的技术支撑。2006 年，在河南省第八次党代会上，首提创新型河南发展战略。实施创新型河南发展战略，是要高度重视科学技术的经济功能，充分发挥科学技术的第一生产力作用，将河南的经济发展真正带入到依托科技进步和提高劳动者素质的轨道上来。

一、以科学发展观为指导的“创新型国家”战略

20 世纪、21 世纪之交，我国科技事业的发展状况还未能充分适应调整经济结构、转变经济增长方式的迫切要求。根据瑞士洛桑国际管理开发研究院发表的《2000 年度国际竞争力报告》，中国的科技竞争力排名仅列第 28 位。这一科技水平难以支撑我国全面建设小康社会的宏伟目标。

2006 年 1 月，在全国科学技术大会上，胡锦涛号召全党全社会为“坚持走中国特色自主创新道路，为建设创新型国家而努力奋斗”。推进“创

新型国家”战略，就是要推动经济增长方式从要素驱动型向创新驱动型转变，使科技创新成为经济发展的根本动力，成为全社会的自觉行为。“创新型国家”战略，是对邓小平“科学技术是第一生产力”的科技发展观的继承。

2013年8月，习近平同志在中央工作会议中提出科技工作的“非对称”发展方针，即以“走前人未走之路”作为科技发展的指导精神，坚持“有所为有所不为”，以“非对称”发展理念，优先扶持关键科技领域的创新。以“非对称”发展方针为指引，中国确立了加快国家创新体系建设、实施“创新型国家”战略的主要举措：①坚持科技与经济相结合的原则，发挥市场配置资源的基础性功能。②做好国家创新体系各主体的功能定位与协调，发挥体系的系统功能，确立企业的主体地位。③注重体制创新、制度创新的关键作用，以此为切入点构建国家创新体系。④加强国家创新体系中各个子系统的交融与配合。尤其要重视借助知识创新子系统和传播子系统，大力培育创新型人才。⑤培育有利于创新的社会文化氛围。在全社会重塑创新理念和创新精神，形成自由争鸣、鼓励探索、宽容失败的创新文化氛围。

二、实施自主创新跨越发展，建设创新型河南

建设创新型国家是党中央放眼世界、面向未来，为推动我国经济社会发展转入科学轨道做出的重大战略决策。

为进一步落实党中央的这一战略决策，2006年10月，河南省第八次党代会提出了“着力建设创新型河南”的发展战略。自主创新是建设经济强省的不竭动力。建设创新型河南是顺应时代潮流的必然选择，也是河南走在中部崛起前列的必然选择。就河南当时的创新环境与条件而言，提出建设创新型河南战略正当其时。

一是具有建设创新型河南所需的良好社会氛围。改革开放以来的发展实践使我们充分认识到，真正的核心技术、关键技术是买不来、换不来的，唯有自主创新才能帮助河南实现跨越发展。

二是具有建设创新型河南所需的较为丰富的物质基础。2005 年，河南的 GDP 总量超过 1 万亿元，财政收入突破 1000 亿元。技术创新的投入能力大大增强，这为开展自主创新奠定了坚实的物质基础。

三是具有建设创新型河南所需的重要战略资源。河南拥有一支庞大的自然科学和社会科学研究队伍。河南省科学院、河南省农业科学院、河南省社会科学院等是河南省科技领域的“省级队”。众多高等院校、大批大型骨干企业获得了国家技术发明奖、国家科学技术进步奖，参与制定了国际标准、国家标准和行业标准，它们更是建设创新型河南不可或缺的重要战略资源。

三、建设创新型河南的战略规划

2006 年 5 月，河南省委、省政府发布《河南省中长期科学和技术发展规划纲要》；2010 年 2 月，发布《关于增强自主创新能力建设创新型河南的决定》。在这两份纲领性文件中，对建设创新型河南这一复杂的系统工程进行了详细周密的战略规划。

（一）建设创新型河南的指导思想

坚持以邓小平理论和“三个代表”重要思想为指导，以科学发展观统领经济社会发展全局。通过实施“科教兴豫”“开放带动”“可持续发展”和“人才强省”战略，大幅提升自主创新能力，推动科学技术的跨越式发展，推动经济发展由资源主导型向创新主导型转变，由粗放型向集约型转变。

（二）建设创新型河南的总体目标

河南省自主创新能力显著增强，取得一批具有重大影响的科技成果，创建一批在国内乃至国际具有较强竞争力的创新型企业，为实现“中原崛起”提供强有力的支撑。到 2020 年，全社会研发投入占国内生产总值的比重达到 2. 5%，科技进步贡献率达到 60%，高新技术产业增加值占工业增加值的比重达到 30%，发明专利年授权量进入全国前 10 名，自主创新能力和科技综合实力进入全国先进行列。

（三）建设创新型河南的主要任务

以电子信息、生物技术、新材料等产业领域为重点，促进高新技术产业从加工装配为主向自主研发制造转型。促进高新技术对优势产业和传统支柱产业的改造升级，依托科技创新发展现代服务业。加快建设高新技术产业开发（园）区、经济技术开发区，使开发区成为技术进步和自主创新的重要载体。重视基础科学和前沿技术研究，为解决未来发展的“瓶颈”问题提供战略技术储备和高素质创新人才。强化社会主义新农村建设的科技支撑，加快推进农业领域的重大技术攻关，实施科技富民强县工程，加速现代技术向广大农村的扩散与推广。

（四）创新体制机制，为建设创新型河南提供动力

建立和完善区域创新体系，具体内容包括产学研相结合的技术创新体系、知识创新体系，以及以中介机构为主体的社会化科技中介服务体系。深化科研机构改革，具体内容包括：加快推动技术开发类科研机构的企业化转制，实施社会公益类科研机构的分类改革，结合实际，分别向企业、非营利性科研机构和非营利性科技服务机构转制。创新人才培养机制。继续改进和完善职称制度，尽快形成选拔、培养创新型人才的制度体系。加快科技管理体制改革。建立健全政府科技决策机制和宏观协调机制，统筹配置科技资源，探索建立产业技术预警机制。

（五）营造政策环境，激励自主创新

建立财政性科技投入稳定增长机制，引导企业和社会资金投向科技开发，促进全社会研发投入的逐年增长。实施激励自主创新的税收政策。加大对企业技术开发投入的税前抵扣力度。允许研究开发仪器设备的加速折旧。继续推进高新技术企业的增值税转型改革。实施支持自主创新的金融政策。鼓励金融机构对重大科技产业化项目、科技成果转化项目等给予信贷支持。建立健全鼓励中小企业技术创新的信用担保制度。建立完善创业风险投资机制。大力发展技术产权交易市场。积极运用政府采购推进自主

创新。建立健全自主创新产品的认证制度，建立财政性资金采购自主创新产品的制度规范。制定实施激励自主创新的知识产权政策。保护自主知识产权，引导开展以形成自主知识产权为目标的研发活动。实施针对高成长性、高新技术企业的知识产权专项行动，加大对非法侵犯知识产权行为的惩戒力度。

四、建设创新型河南的战略绩效

按照河南省委、省政府创新型河南的战略部署，全省科技战线结合“新解放、新跨越、新崛起”大讨论活动，把扎实推进创新型河南建设作为首要的中心工作抓紧抓好，全社会自主创新的意识与能力均得到较大提升。

（一）创新资源投入

R&D 投入强度（R&D 经费投入占国民生产总值的比重）是反映一个国家（地区）科技发展水平和创新能力的重要评价指标。2006—2017 年，河南全省 R&D 经费投入继续保持快速增长的态势，从 84.6 亿元增长到 596.7 亿元。2011—2017 年，河南全社会 R&D 经费投入占 GDP 的比重从 0.47%提升到 1.34%，大中型工业企业 R&D 经费投入占工业增加值的比重从 2.6%提升到 3.2%。从 R&D 经费投入结构来看，企业的自主创新主体地位已经确立。目前，充分体现市场导向的企业资金，仍是 R&D 经费的主要资金来源。2017 年，河南企业用于 R&D 活动的经费投入达 216.0 亿元，占全省 R&D 经费总投入的 84.1%；科研机构 R&D 经费投入达到 35.4 亿元，占 13.8%；高等院校 R&D 经费投入达到 4.2 亿元，占 1.6%。人才队伍继续扩大，为自主创新奠定了人力资源基础。2006—2017 年，全省科技活动人员从 17.7 万人增长到 29.3 万人，年均增长 10.6%。创新型人才，特别是领军型人才缺乏一直是制约河南创新驱动型道路的“瓶颈”之一。2007 年，河南启动“中原学者”计划，着力培养高水平的科技创新领军人才。截至 2015 年，河南已有中原学者 49 名，其中有 7 人入选两院院士。

（二）创新活动平台建设

河南自主创新体系的平台建设完成了三大核心任务。一是推动企业、高校及科研院所建立各种类型的创新平台，开展集成创新活动，提高知识生产力。2006年，河南共建有各类研发机构1432个。到2017年，已有23.1%的大中型工业企业建立了自己的研发机构。此外，河南围绕现代产业体系，以主导产业和高新技术产业的骨干企业为重点，推动建立了一大批不同类型的企业研发中心。体现自主创新能力最高水平的国家重点实验室曾经在河南省一直是空白。2009年，中信重工的矿山重型装备、中铁隧道的盾构与掘进技术、洛耐院的先进耐火材料、郑州机械所的新型钎焊材料、洛玻集团的浮法玻璃新技术5个国家重点实验室获得批准。截至2017年，河南省级工程技术研究中心总数已达1294家，在解决前沿性技术难题、攻克行业关键技术、推动产业快速发展等方面发挥示范带动作用。产学研合作共建的研究机构也日益增多。近年来，河南企业积极与高校、科研院所共建重点实验室、工程技术研究中心和技术开发中心等。双汇集团、中孚实业等一批大中型企业集团分别与中科院、河南省科学院、郑州大学、河南大学等科研院所和重点院校联合攻关，解决了一大批关键技术难题，创造了良好的经济社会效益。二是搭建区域基础科技网络平台，推动平台之间的资源共享。具体内容包括：对现有的重大科学工程中心、重点实验室、大型科学仪器应用中心、工程技术中心等科技资源进行整体规划，实现大型科学仪器设备的开放共享和重点实验室、工程技术中心等创新基地的共建共享；以基础性、公益性数据资源为主，构建面向全社会的共享服务体系；建成网络化、数字化的，包括各类专利、成果、科技报告、科技图书、科技期刊，以及技术标准、方法、工艺等在内的大型文献资源库；建成各类自然科技资源群，重点支持动植物种类等资源库的共享平台建设；创建多媒体协同的，集大规模科学计算、科学实验、虚拟设计与制造、网络科技资源服务等功能于一体的网络科技环境，为区域科技基础条件平台的有效运行提供现代化的信息技术支撑。三是搭建科技中介服务平台，以中介的繁荣减轻有限的政府管理压力，推动科技成果转化，增强科技市场的竞争能力与公正性。搭建的各类科技中介服务平台包括：以各类大学科技园、留学生创业园、创业服务中心等为依托的科技企业孵化器平台；科技成果转化信息中心（该中心共包括科研机构建设管理平台、对外成果管理服务平台、专家咨询服务平台、在研项目跟踪管理服务平台、企业需求管理服务平台、科研成果交易和转化信息平台这六大子平台）；技术产权交易中心；科技企业信用担保机构；科技评估中心；专利信息服务中心；标准信息服务中心。

（三）创新产出能力

通过大力实施“科教兴豫”“人才强省”战略，河南的各项科技工作进展迅速，创新产出能力大幅提升。2006 年，河南全社会共获得专利授权 5242 件；到 2017 年，专利授权数上升到 8884 件。在 2006 年所获专利授权中，发明专利共 450 件，占总数的 8.6%，到 2017 年，发明专利增长到 3102 件，占总数的 34.9%。2011 年当年还获得植物新品种授权 65 项，形成国家或行业标准 972 项，有效发明专利累计已达 32498 件，转让专利所有权获得收入 6755 万元。企业按照市场需求导向实施创新的能力进一步增强。2006 年，规模以上工业企业实现新产品产值 885.5 亿元，占工业 GDP 的 14.7%；到 2017 年，规模以上工业企业新产品产值占工业 GDP 的比重增长到了 21.9%。在 2018 年初的国家科学技术奖励大会上，河南省共荣获国家科技奖励 16 项，其中包括国家技术发明奖 1 项，国家科技进步奖 15 项。此外，“鸟巢”和“水立方”等奥运场馆使用的特种钢材、宇通客车、双汇食品和三全汤圆、国际市场占有率最大的金龙精密铜管等创新产品，无不显示着科技进步成为富民强省的动力之源、中原崛起的发动机和加速器。

第十节　内陆开放型经济发展战略

随着经济全球化和区域经济一体化的发展，河南的对外贸易取得了长足发展，对经济发展的拉动作用也明显增强。但21世纪之初，总体来看，与长三角、珠三角和环渤海经济圈相比，河南还尚未形成经贸和外资互惠的开放平台，河南开放经济的整体发展水平与发达地区相比还存在较大差距。2001年12月，中国正式成为世界贸易组织成员，“入世”为河南开放型经济的发展转型带来了契机。河南新一轮的内陆开放型经济发展战略由此拉开了帷幕。

一、构建内陆开放型经济发展战略的目标体系

2008年1月，我国正式实行“两税合一”的税制改革，这标志着中国对外资的特殊优惠政策宣告结束。我国巨额贸易顺差导致的人民币的快速升值，以及国内通货膨胀的压力，也使得鼓励出口不再是政策目标。因此，在经济发展的新阶段，河南必须探索内陆开放型经济发展的新模式。发展河南的开放型经济要立足本地特色，其战略目标主要包括以下几个方面。

（一）建立新的开放型经济体制

新的开放型经济体制，是讲求全球视野、担当社会责任的开放经济体制。不同于河南省传统的“一切为了出口”的外向型经济体系，新的开放型经济体系主要有以下特征。对国内和国外企业均采取公平对待和非歧视性的开放政策；具有全球视野的宏观调控体系；贯通国际市场与国内大市场；承接国际制造业和服务业转移的全球综合运作能力体系。

（二）实现向“内需与外需互动型”经济增长机制的转变

内需与外需的互动，不仅表现在增加进口、改善与贸易伙伴的关系，还包括通过内生性增长机制引发出口结构的转型升级。实现向“内需与外需互动型”经济增长机制的转变，对河南开放型经济发展战略的成功实施具有重大意义。主要原因有以下方面：一是传统的数量扩张型外贸增长方式已不符合经济发展实际。作为内陆经济大省的河南，不可能像20世纪80年代的沿海省份那样，依赖于粗放式的外贸出口拉动经济增长。外贸增

长方式的根本性转变，始终是河南对外开放的基本立足点。二是“内需与外需互动型”经济是一种更高层次的开放型经济。在逐步加强中原经济区经济一体化的同时，要率先推动中部地区开放型经济的一体化。在努力增强跨地区物流体系综合整合能力的同时，优先建立跨部门的综合物流运作体系。三是“内需与外需互动型”经济增长不仅会改善与主要贸易伙伴之间的经济联系，形成彼此的相互依存，还会通过形成内生性增长机制，带来出口结构的转型升级。这种内生性增长机制具有以下特点：①以自主知识积累和创新为主要支撑；②以充分利用全球化开放契机，分享全球知识积累和创新成果为主要动力；③以人力资源的有效开发利用为基础；④在河南现有的低成本优势、后发优势和大市场规模优势的基础上，逐步构建新的技术优势和差异化优势。

（三）增强内外经济统筹协调能力，发展“协调型开放经济”

发展“协调型开放经济”，必须要建立内外部经济的协调发展体系，形成内外部经济统筹协调能力，主要任务包括以下方面：一是增强战略层面的统筹协调，使河南省的社会经济发展战略与对外的经济战略相协调。二是增强经济政策层面的统筹协调，完善外贸与内贸一体化政策、市场准入与产业结构调整政策。三是利用好河南省内、省外资源，实现“引进来”和“走出去”的协调发展。四是增强体制层面的统筹协调，提升内部经济管理体制与外部经济管理体制的协调性，使企业能够在内外贸一体化的新体制环境下，形成面向全球供应链的综合管理能力。

（四）借力外资外贸的发展，培育“内生型”经济发展模式

调整外资结构，使外资更好地与河南的优势产业和先进生产要素相结合，以借力外资扶持内生型经济发展。调整贸易政策，确立以提升产业结构、增强企业国际竞争力为导向的外贸政策。强化服务贸易领域，大力培育信息服务、运输服务、金融服务、咨询服务和会展服务等高端服务贸易。

（五）提升区域“一体化”的合作程度

河南与周边省份应在共同建设中原经济区的合作基础上，有重点、分步骤地推进区域合作。重点发展与临近区域的经济合作，有选择地承接来自长三角、珠三角和环渤海地区的产业转移。加强与黄河沿岸省份的合作，建立黄河水道沿岸区域的合作机制。放眼全球，积极拓展与亚太国家、东盟、欧美、日韩等国家和地区的国际合作。

但目前，无论是区域内合作还是跨区域合作，在行政区划利益刚性的作用下，合作难以取得突破性进展，在很大程度上仍停留在政府倡导的制度性合作层面，合作的组织形式比较松散。未来阶段合作，河南应从依靠政府的“有形之手”转向依赖市场的“无形之手”，形成市场力量推动下的自发自为。

二、确立内陆开放型经济发展战略的重点任务

结合河南开放型经济发展的战略定位与战略目标，需要进一步明确河南开放型经济发展的重点任务。

（一）大力发展县域开放型经济

县域开放型经济是构建河南开放型经济体系的根基。市场是开放的，没有界限。因此，发展县域经济，必须跳出县域，在更大的区域内开展资源配置。县域开放型经济的发展，应把培育支柱产业、专业市场与实施“走出去”战略紧密结合，顺应国际化趋势，遵循比较优势的思路实施开放带动战略。

（二）提升产业的对外开放度

做大做强优势产业，进而提升产业的对外开放度，是发展开放型经济的重中之重。结合河南产业经济的发展现状，应当优先发展以下三大产业：一是旅游业。目前，旅游业已成为全球发展前景最广阔的产业之一。河南是旅游资源大省，独具特色的自然风光、文物古迹、文化遗存遍布全

省各地，河南应充分利用这一得天独厚的资源条件。二是争取农业出口创汇。河南是全国农业大省，河南的粮食、油料作物产量居全国第 1 位，棉花产量居全国第 2 位。仅驻马店的芝麻产量就占世界总产量的 1/10。自 20 世纪 80 年代中期以来，随着种植结构的调整，河南的蔬菜、水果、瓜类、花卉等产品和食用菌的生产发展迅速，销售价格也大都低于国际市场价格，在国内外市场都已具有一定的竞争力。因此，河南应充分利用种植业、畜牧业产品的成本与价格优势，因地制宜地培育和发展具有强大国际竞争力的农产品出口基地和创汇型农业龙头企业。三是国际劳务输出业。海外劳务市场潜力巨大，据国际劳工组织的统计，目前全球每年的流动劳动力达 3000 万~3500 万人。我国的对外劳务合作仅占其中的 1.5%，约 525 万人。因此，充分利用国际就业岗位，对于拥有 2800 万农村富余劳动力的河南而言是一项意义重大的战略举措。

（三）提升招商引资的质量

河南在全方位扩大招商的同时，还须高度关注引资的质量水平。一是要注重以大企业、大项目和大产业带动招商。大企业、大产业的招商引资成功率一般较高。大企业的股权转让和上市融资也可能成为引资的热点。与大产业相配套的新兴分支部门也是与外商对接的重点。二是实行产业链招商。充分发挥优势产业的集聚优势，吸引外资沿着优势产品的产业链向上下游延伸。例如，充分发挥交通运输设备制造业的固有优势，吸引外资向高端零部件方向发展，生产安全气囊、电动助力转向等下游产品；充分发挥煤炭产品优势，吸引外资向甲醇、炼焦、烯氢等煤化工方向发展，向电—铝—煤一体化经营的方向发展。三是利用资产优质、技术领先的大型企业的部分股权，通过股权转让，吸引大型产业基金的加盟。

三、战略绩效评价

（一）出口产品结构升级，出口竞争力提升

自中共十六大以来，在日益加速的经济全球化背景下，河南的经济发

展表现出国际化的新趋势，区域经济已逐步融入以国际分工合作为主线的国际产业体系中。在这一阶段，河南以提高国际竞争力为目标，科学确定不同产业的比例关系和发展重点，使生产结构不断适应变化着的国内、国际的市场需求结构，逐渐形成与开放型经济相适应的经济运行流程和资源配置方式。为适应高附加值、高技术含量、精深加工的国际贸易新趋势，扩大河南产品在国际市场的占有份额，河南以构建开放型的经济体系为导向，快速推动出口商品的结构升级。在淘汰需求萎缩、附加值低的亏损商品的同时，向以新技术、新材料、新能源为特征的高新技术产品转型，使河南曾经的出口产品由劳动密集型和资源密集型的传统产品为主，向当前的技术含量高、附加值高、需求弹性大的机电产品、高新技术产品和工业制成品为主转变，持续提升出口产品的国际竞争力。2017 年，河南机电产品出口额占出口总额的 37.1%，而这一比例在 2002 年仅为 7.1%。交通运输设备出口额占出口总额的比重从 1.7%提升到了 3.7%。与此同时，河南推动出口型农业基地逐步向区域化、规模化、标准化、产业化的方向发展。截至目前，已形成初具规模的农产品出口基地 53 个。其中，淅川辣椒出口基地、泌阳香菇出口基地、三门峡湖滨果汁有限责任公司、周口市润鹏罐头食品有限责任公司、河南大用食品有限责任公司等创汇企业年均出口创汇额均在 300 万美元以上。

（二）积极参与国际分工，承接全球产业转移

自 2002 年开始，河南经济的持续高速增长和市场的开放搞活带来了巨大的发展空间。河南的国际产业吸引力进一步增强。河南逐渐步入承接国际产业转移的新阶段。河南实际利用的外商直接投资额在 2002 年为 4.5 亿美元，到 2004 年突破了 10 亿美元，2007 年突破了 30 亿美元，2010 年突破了 60 亿美元，2011 年突破了 100 亿美元。到了 2017 年，河南实际利用的外商直接投资额已达 172.2 亿美元。目前，外商直接投资增长的一个显著特点就是对现有企业的大量增资。外商增资的形式正从传统的单品、单环节的生产和加工投入向下游产品及相关产业延伸。

从外商直接投资的产业分布来看，在经历了 20 世纪 80 年代以轻纺工业为主的转移阶段，90 年代大型跨国公司主导下的资本和劳动密集型制造业转移阶段后，21 世纪的产业转移以资本密集型与技术密集型制造业为主要领域。自 2002 年以来，河南承接的国际产业转移仍然集中于制造业，特别是制造业的加工组装环节；到 2017 年，投向制造业的外资仍占全部投资额的 60. 0%。但当前，发达国家已开始将发展成熟的技术密集型、资本密集型产业，如电子信息、家用电器、汽车、石化产业等，逐步向河南转移。一些省内企业逐步进入跨国公司的全球生产、销售网络，并且在向技术含量较高的零部件和工序升级。一些跨国公司来豫设立生产制造基地、配套基地、服务业外包基地和培训基地。

国际服务业向河南的转移明显加速。2002—2017 年，河南服务业吸引的外资额从 6354 万美元增长到 24. 8 亿美元，占外商投资总额的比重也从 14. 1%增长到 24. 6%。目前，房地产、批发和零售、租赁和商务服务、交通运输、科学研究与技术服务成为河南服务业引资的前五大热门行业。一些跨国公司在河南设立了研发中心、采购中心、管理运营中心和地区总部。承接国际项目外包、软件编程、呼叫中心、金融后台服务、保险精算服务、税务、财务、评估、信息处理等服务的国际代工业务也逐渐增多。

（三）推动海外投资，拓展国际市场

中国加入世界贸易组织，中国谋划的“一带一路”合作发展框架，可谓是推动河南企业海外投资发展的一次难得机遇。2002—2017 年，河南企业的海外投资额飞速增长。2002 年，河南企业签订的对外国和港澳台投资合同仅 6 份，中方实际投资额仅 23 万元。到 2017 年，河南企业签订的对外国和港澳台投资合同已达 210 份，中方实际投资额增至 17. 58 亿美元。

近年来，河南企业确立海外投资战略的动因主要来自三个方面：一是我国和非洲、南亚、东欧、中亚、南美洲等地区的国家之间具有很强的经济互补性。二是面对国际市场上日益增强的进口限制，借鉴跨国公司绕过关税壁垒在海外直接投资办厂的经验做法，将河南成熟产业的技术和产品

转移出去，在销售地直接建立生产线或加工装配基地，利用当地的资源发展加工贸易，可以带动国内原材料、零部件和半成品的出口，同时也可带动河南省内机械装备的出口。三是河南部分行业的生产能力严重过剩，可以将发展海外投资作为结构调整的一个重要出路，以缓解省内的结构性矛盾。

在推动海外投资的同时，河南也根据国际贸易格局的深刻变化，调整出口市场结构，改变出口市场过于集中的局限性，向欧洲、北美市场纵深拓展，稳定发展东南亚市场，积极开发非洲、拉丁美洲市场，继续扩大俄罗斯和东欧市场，逐步形成了以新兴市场为重点，以周边国家贸易为支撑，发达国家和发展中国家市场兼顾的出口市场结构。从海关统计数据看，2002—2017 年，河南海关出口总额剧增的同时，河南出口产品的市场结构也趋向多元化。2002 年，向亚洲市场的出口占河南对外出口总额的 52. 3%；到了 2017 年，这一比例下降到了 37. 1%。在这一时期，北美洲、非洲、拉丁美洲、大洋洲成为具有高成长性的河南出口市场。其中，向北美洲市场的出口额所占比重增长了 7. 3 个百分点，向非洲市场、拉丁美洲市场的出口比重增长也均在 4 个百分点以上（见表 4-3）。

表 4-3　2002 年与 2017 年河南海关出口的市场结构变化

地区	2002 年海关出口额/美元	2002 年所占比重（%）	2017 年海关出口额/美元	2017 年所占比重（%）
亚洲	70719	52. 3	31718144	37. 1
非洲	—	—	11764141	4. 1
欧洲	27154	20. 1	1308585	18. 3
拉丁美洲	43	0. 03	5799865	4. 3
北美洲	35531	26. 3	1378443	33. 6
大洋州	1852	1. 4	10651399	2. 6

第五章　河南经济发展战略与国家区域战略的协同演化

区域发展总是在一定的国家宏观战略背景下进行的。实施合理的区域经济发展战略，不仅是贯彻国家层面宏观发展的战略意图，更要有效解决区域发展中存在的实际问题，推进区域社会经济持续、健康、有序、协调发展。河南区域经济发展战略的演化历程，正体现了上述思想。

第一节　区域非均衡发展时期的国家战略与河南发展

“均衡发展”是以牺牲效率为代价的，不仅各地区不能实现均衡发展，而且整体国民经济也会低效运行。1978 年开始，国家的宏观发展战略及区域政策有了新的导向。1978—1992 年，中国经济体制逐渐完成了从传统计划经济向社会主义市场经济的转变。在这一时期，沿海地区成为全国的改革试验区，我国东部、中部和西部的政策梯度表现明显。我国区域经济发展战略也开始从过去片面追求公平与均衡，逐步过渡到“效率优先，兼顾公平”的方向上来，东南沿海地区的发展得到优先考虑。

一、“让一部分地区先富起来”的区域非均衡发展战略

区域非均衡发展的战略构想，基于邓小平对社会主义生产布局规律的深刻认识。在计划经济时期，笔者认为，社会主义的生产布局应当遵循区域均衡发展规律，而区域非均衡发展属于资本主义社会的生产布局规律。实际上，这是对生产布局规律的片面认识。进入 20 世纪 80 年代以来，邓

小平提出，区域不均衡发展是客观存在的经济规律。无论是资本主义国家还是社会主义国家，都应充分尊重这一规律。这一认识为我国在改革开放初期制定总体布局战略奠定了理论基础。

让一部分地区、一部分人先富起来，必然产生极大的示范效应，从而逐步带动全体人民和整个国家走向共同富裕。邓小平进而把这一想法作为实现“三步走”战略的支撑性政策。区域经济的非均衡发展战略，使经济效率成为考虑生产力布局的首要因素，对传统的片面追求“公平”的均衡战略提出了挑战。以这一理念为指引，自中共十一届三中全会后，国家开始对区域经济发展战略进行重大调整。开始重视国民经济的宏观整体效益，更加强调充分发挥和利用各区域的独特优势，尤其是东部沿海地区的区位优势和技术优势。

二、改革开放后开始实施的“东倾”政策

1979 年，党中央、国务院正式批准兴办深圳、珠海、汕头、厦门四个经济特区。“六五”计划（1981—1985 年）开始后，非均衡发展战略被提上日程。在“六五”计划中，首次列出了“地区经济发展计划篇”，提出在沿海地区、内陆地区、少数民族和不发达地区应实施各自的发展方针。在经济总体布局上，“六五”计划提出要一面着重发挥沿海地区的经济技术优势，一面有步骤、有计划地开发内陆和少数民族不发达地区的资源，同时推动地区之间的横向联合。

遵循上述指导方针，全国的生产力布局开始逐渐向东部沿海地区倾斜。国家在财政、投资、税收、价格、金融、外贸、外汇等方面，采取了大幅向东部地区倾斜的区域布局政策、地区产业政策，并进行了相应的经济体制改革。

有利的政策环境为沿海地区的高速发展创造了条件。“六五”计划期间，东部沿海地区的基建投资比重首次超过中西部地区，达到 47.7%，中西部比重降至 46.5%，是从“一五”计划到“六五”计划期间的最低点。

从 1984 年开始，国家正式决定开放上海、大连、天津、广州等 14 个

沿海港口城市。1985 年，进一步扩大开放了长江三角洲、珠江三角洲、闽南三角洲为沿海经济开放区。这些先后批准设立的经济特区、沿海开放城市和沿海经济开放区，在东部沿海地区由点到线、由线到面、由南至北形成条带状的开放地带，并发展为我国社会生产力的新增长点。

“七五”计划时期（1986—1990 年），我国的生产力布局继续向沿海地区倾斜。“七五”计划明确地把全国划分为东部、中部、西部三大经济地带，并制定了梯度推移的区域经济发展战略。国家按照东、中、西的顺序安排发展重点，执行不同的区域政策，体现了效率优先的非均衡发展思想。根据“七五”计划，我国加速东部沿海地带的发展，把能源和原材料建设的重点放到中部地区，同时做好进一步开发西部地带的准备。

1988 年 3 月，沿海地区经济发展战略上升为国家层面的正式规划。中央政策向沿海区域倾斜的特征更为明显，主要表现在以下方面：一是国家的对外开放向东部倾斜。我国成立海南省，实施更加灵活开放的经济政策；包括辽东半岛、胶东半岛及环渤海地区在内的沿海城市，被划入沿海经济开发区；东部沿海地区率先建立了 13 个保税区、25 个高新技术开发区。1990 年，上海浦东宣布对外开发开放。一系列开发开放政策使沿海地区的经济发展驶入快车道，呈现先富快富的新态势。二是国家投资布局的重点向东部倾斜。“七五”计划期间，东部沿海省份的全社会固定资产投资总额占全国的 50.9%，全国投资份额排在前 6 名的省市，全部位于东部沿海地区。向东倾斜的投资政策迅速释放了沿海地区的增长潜能。三是国家的优惠政策向东部倾斜。中央政府进一步在财税、信贷、投资、外资审批、外汇留成等方面赋予沿海地区更大的自主权。这一时期，对经济特区实行的特殊经济政策主要包括：在对外经济活动中，授予经济特区较大的自主权和项目审批权；给予外商投资企业更优惠的税费待遇；给予海关特殊的关税优惠；更多的对外贸易自主权；简化出入境手续；等等。

在“先富、后富、共富”理论的基础上，1988 年，邓小平正式提出“两个大局”的战略构想。其中的“第一个大局”，即基于东部沿海地区得天独厚的地理位置和便利的交通设施，以及较完备的设备、技术、人才、信息等优势，加快对外开放，实现率先发展。由此可见，效率成为此阶段区域政策的重要目标。生产要素向边际产出率更高的沿海地区集中，投资和体制改革政策向沿海地区倾斜，极大地改善了沿海地区的投资环境，有力地推动了沿海地区经济的发展。

三、改革开放探索期河南内向型、重速度的经济发展战略

在改革开放探索期，河南经济社会实现了全面、迅速的转型。改革开放推动了河南的经济体制改革，河南由最初的“计划经济为主，市场调节为辅”，进而提出“有计划的商品经济”，到最终确立“社会主义市场经济”，初步建成了有中国特色的社会主义市场经济体制。

改革开放探索期，河南在大力推进经济体制改革的同时，其开放的步伐却未能同步跟进。1978 年，河南进出口总额为 1.99 亿元，占 GDP 的比重为 1.2%；到 1991 年，河南进出口总额为 64.4 亿元，占 GDP 的比重提升到 6.2%。如果单从增长的这 5 个百分点来看，河南的对外开放程度确实在提升。但当将这一指标放在全国范围内进行横向比较时，就会发现，河南对外开放的进程相对较慢。1978 年，中国进出口总额为 355 亿元，占 GDP（3624.1 亿元）的比重为 9.8%，这一比值比河南高 8.6 个百分点；到了 1991 年，差距急剧扩大，当年中国进出口总额增长为 7225.8 亿元，占 GDP（21662.5 亿元）的比重提升到 33.4%。这一比值较河南高出 28.2 个百分点。与沿海外向型省份相比，河南经济开放的滞后程度更为明显。因此，这一阶段河南的经济发展具有典型的内向型特征。

处于改革开放探索期的河南，经济发展重速度而轻效益。经济体制改革为高速增长提供了有利的宏观环境与微观基础。1978—1991 年，河南的经济增长速度喜人，GDP 年均增长速度高达 9.8%，工业总产值年均增长 12.5%。在这一时期，经济增长速度最高的年份是 1983 年，当年 GDP 同比增长 23.8%。能够在 13 年的时间里持续保持接近 10%的经济增长，这种发展速度是罕见的。但是，这一阶段河南的经济增长属于简单的数量快速扩张型增长。

这一时期的粗放型经济增长模式暴露了一系列问题。一是由于工农业比例，以及基础工业、基础设施与加工工业的比例关系严重失调导致了高通货膨胀率。1978—1991 年，河南商品零售物价指数年均上涨 4.9%，其中 1988—1989 年和 1993—1994 年分别达到了 19.7%和 18.7%。二是经济增长大起大落。经济增长速度在经历了 1978—1982 年的波浪式下降后，1983 年出现急剧上升，1984 年开始遏制经济过热势头，1987 年再度出现新的经济过热，1988 年底开始进行治理整顿，经济增长速度大幅下降，再度经历过两年时间的经济低速增长和市场疲软后，到 1991 年才开始复苏回升。三是经济增长的质量和效益不高。这一时期的经济增长主要来自经济体制的改革推动和大规模的投资拉动。在生产建设、流通领域普遍存在高消耗、低效益、高投入、低产出的现象。一些工业品质量低劣、物质消耗高，成本居高难下。到 1991 年，河南全部的独立核算工业企业中，亏损企业数占企业总数的比例达到 16.0%。盈利企业的利润总额为 39.4 亿元，而亏损企业的亏损总额也高达 27.2 亿元。河南这一阶段经济增长的质量和效益难以体现，属于典型的粗放型经济增长阶段。

四、河南与沿海地区的经济发展差距迅速扩大

自 20 世纪 80 年代以来，我国区域发展进入非均衡发展战略时期。沿海地区获得的各类优惠政策，使其外向型经济得以迅猛发展。东南沿海也成为我国区域经济格局中最具活力的高速增长区。1992 年，占全国总人口 30%的 10 个东部沿海省区，创造了占全国 42%的国内生产总值。经济特区的增长极效应和示范效应凸显。东部、中部、西部地区在经济发展和居民收入的差距呈现扩大态势，区域经济均衡推进的格局不复存在。

改革开放探索期，在“东倾”政策的影响下，河南省固定资产投资额占全国固定资产投资总额的比重呈下降趋势。1981—1991 年，这一比重从 4.9%波动式滑落至 4.6%（见表 5-1）。同期，位于沿海开放前沿的广东、江苏、浙江、福建四省的固定资产投资额占全国的比重却呈显著上升趋势。在这一阶段，上述四省固定资产投资额占全国固定资产投资总额的比

重分别增长了 2.2 个百分点、1.6 个百分点、0.7 个百分点和 0.5 个百分点。

表 5-1　1981—1991 年五省固定资产投资占全国固定资产投资的比重

单位:%

年份	河南	江苏	浙江	广东	福建
1981	4.92	6.30	3.56	6.29	1.92
1982	4.35	6.19	3.39	6.89	1.99
1983	4.29	7.36	3.08	6.20	1.89
1984	4.74	5.67	3.54	7.11	1.89
1985	4.99	7.55	4.02	7.26	2.19
1986	4.64	7.73	4.08	6.94	2.07
1987	4.23	8.36	4.12	6.62	2.15
1988	4.29	7.82	3.98	7.44	2.11
1989	4.26	7.26	4.07	7.88	2.30
1990	4.56	7.89	4.14	8.45	2.56
1991	4.58	7.86	4.29	8.55	2.60

在改革开放探索期，河南的国内生产总值增长率与沿海地区的江苏、浙江、广东、福建四省及全国平均水平的差距也呈扩大趋势。从表5-2 可知，1978—1991 年，河南的国内生产总值虽然保持着年均 10%的增长，且增长率比全国平均水平高出了 0.7 个百分点。但从省际间的横向对比来看，这一增长水平相对较慢。位于长江三角洲的浙江年均增长 13.0%，江苏年均增长 11.9%，位于珠江三角洲的广东年均增长 12.3%，位于东南沿海开放前沿的福建年均增长也达到了 12.2%。

人均国内生产总值的增长率显示同样的差距。河南人均 GDP 7.7%的年均增长率虽与全国的平均水平持平，但比沿海省份落后了 2.7~4.2 个百分点（见表 5-2）。

表 5-2　1978—1991 年河南及沿海四省平均经济增长比较

单位:%

	河南	江苏	浙江	福建	广东
GDP 增长率	10.0	11.9	13.0	12.2	12.3
人均 GDP 增长率	7.7	11.5	11.9	10.4	10.4

国内生产总值增速的落后导致居民收入的增长滞后。1978—1991 年，河南农村居民人均纯收入的增长率落后广东、福建等省份约 5 个百分点，城镇居民人均可支配收入增长率落后广东 9.3 个百分点，落后江苏 8.8 个百分点（见表 5-3）。由于起点低、增长慢，到了 1991 年，河南农村居民人均纯收入的绝对额比全国平均水平少 170 元，仅为浙江农村居民人均纯收入的 44.5%。另外，1991 年，河南城镇居民人均可支配收入的绝对额与全国平均水平的差距高达 451 元，仅为广东城镇居民人均可支配收入的 45.4%。

表 5-3　1978 年与 1991 年河南及沿海四省居民收入比较

地区	城镇居民人均可支配收入（元）			农村居民人均纯收入（元）		
	1978 年	1991 年	年均增长率（%）	1978 年	1991 年	年均增长率（%）
河南	291	1250	5.4	105	539	10.3
江苏	288	1623	14.2	155	921	9.3
浙江	332	2143	5.0	165	1211	10.6
广东	412	2752	14.7	193	1143	15.7
福建	371	1953	13.7	138	850	15.1
全国	343	1701	6.0	134	709	9.3

第二节　区域协调发展时期的国家战略与河南战略

中共十四大之后，我国区域间的经济差异问题逐渐受到更多关注。科学把握非均衡发展战略，就要在接受合理的区域间差距的同时，注意把差距控制在一定范围内。因此，在这一时期，区域协调发展战略逐渐取代了前期的非均衡发展战略。区域协调发展强调要在不削弱东部发展能力的基础上，加速改革中西部地区的体制改革，改善中西部地区的投资环境，解决发展“瓶颈”，增强中西部地区的自我发展能力，使中西部和东部在协调发展的进程中逐渐缩小差距。

一、控制发展差距战略思想的基本内涵

控制区域发展差距的战略思想，萌生于 20 世纪 90 年代初。这一战略思想的核心是提出适度倾斜和协调发展相结合。所谓适度倾斜，就是非均衡，是指承认和允许不同区域间存在发展速度上的差距，以及由此带来的收入差距和生活水平差距。所谓协调发展，是指必须把区域发展的差距控制在一定范围内，不能任其无限扩大。

由此，可以将控制发展差距的战略思想完整表述为：从国家层面的整体利益出发，把投资和生产布局继续向效率更高的沿海地区适当倾斜，允许东部地区凭借自身的优势，率先发展和富裕起来。同时，大力扶持落后地区加快发展，有针对性地解决发展差距问题。既承认和允许差距，又要采取措施积极控制差距。具体来说，可以从两方面把握控制发展差距的科学内涵：首先，要在战略基点上体现适度倾斜。不同地区在资源使用效率方面存在差异，等量的资源投入与消耗，未必带来相同的产出与收益。为了实现经济资源的优化配置，提高资源使用和配置效率，就不能平均分配资源，而是必须有所倾斜，即向基础条件好、使用效率高的东部地区倾斜。其次，要在发展目标上体现控制差距。自 20 世纪 90 年代以来，地区发展不平衡的问题日益凸显。这使得控制差距成为摆在决策者面前的一个重要议题。中共十四大报告中，对于地区经济的合理布局做过专门论述，强调：要更加重视支持中西部地区的经济发展，积极朝着缩小差距的方向努力。缩小差异成为这一时期改革发展的重要战略任务。

二、“八五”计划以来区域协调发展战略的政策导向

根据改革开放后的国际形势和区域经济发展的新趋势，党和国家开始

积极探索区域发展的新思路。这种新的发展理念集中体现了“效率优先、兼顾公平”，即要求各区域在发展过程中大力发挥区域优势，同时坚持区域经济的协调发展。“八五”计划中，促进地区经济的合理分工和协调发展成为国民经济发展的一条重要指导方针，体现了国家政策由非均衡发展战略向协调发展战略的调整。“八五”计划期间，中央做出了“开发上海浦东，带动长江三角洲和整个长江流域地区经济发展”的重大战略决策。密集出台的一系列推进和加快东部沿海地区对外开放的政策，使沿海地区出现了新一轮的对外开放热潮，进一步巩固了已经形成的全方位对外开放格局。

与此同时，中央政府开始慎重考虑和解决东部和中西部的发展关系问题。1992 年，党中央提出实施由沿海、沿江、沿边、沿线和内陆纵深推进的“全方位开放布局”，从而密切了内地与沿海在对外开放上的横向联系。这一时期，我国形成了由“经济特区—沿海开放城市—沿海经济开放区—沿江、沿线、沿边开放城市—内地经济特区”逐步推进的开放开发梯次格局。在沿海地区开放的基础上，中央批准长江沿岸 28 个城市和 8 个地区，以及东北、西南和西北地区的 13 个边境城市对外开放，内陆省会城市全部开放。

1996 年，在《国民经济和社会发展第九个五年计划和 2010 年远景目标纲要》中，国家要求各地按照市场经济规律，发展优势产业，促进区域经济在更高起点上向前发展。该纲要特别强调了要“分工合作、协调发展”，这使区域协调发展成为这一时期区域经济学研究的重点和热点问题。

三、改革开放初创期河南赶超型、重效益的经济发展战略

改革开放前，随着社会主义公有制的确立，计划体制是我国经济和社会活动的基本模式。一切经济活动都按照国家各级计划安排。在社会经济生活中，既缺乏用以指导资源配置的市场机制和价格体系，也没有竞争因素导致的优胜劣汰，河南乃至全国都处于区域差异无意识时代。

进入改革开放探索期后，沿海地区的迅猛发展使之成为拉动全国经济

增长的强大引擎，沿海地区的示范效应日益凸显，内地的赶超心理也愈加强烈。在这一阶段，“复兴”“赶超”“后发优势”等成为河南经济发展战略的重要议题。为了尽快实现中原复兴，河南在“八五”计划中提出，要“以工业化为核心，加快城镇化进程，推进农业现代化，继续保持较高的增长速度和较高的增长质量”。显然，河南把工业化作为赶超沿海发达地区的战略重点，这也与国家对河南在全国分工中的战略定位有一定关系。

国家的“七五”计划时期曾提出，“要加速东部沿海地带的发展，同时把能源、原材料建设的重点放到中部，并积极做好进一步开发西部地带的准备”。可见，国家的区域战略定位中，河南作为中部省份，已被明确定位为全国的粮食生产基地、能源原材料供应基地和交通运输枢纽。事实上，河南也一直扮演着全国的“米袋子”和“锅炉房”的角色。但作为“锅炉房”的直接结果是，河南的工业经济发展长期依赖于能源、原材料工业，加工制造业发展受到牵制。由于长期被“锁定”在地域分工的低端环节，河南的产业结构升级步履维艰，在与沿海地区的竞争中处于不利地位，工业化和经济建设亟须的资金和人才大量外流。物质资本和人力资本的稀缺进一步构成河南发展经济的关键“瓶颈”，使工业化、城镇化进程受到农业经济“定位”的局限影响。

将工业化而非粮食生产和能源、原材料输出作为赶超战略的实施重点，标志着河南正在突破传统的战略定位模式，重新审视自身在国家宏观分工体系中的位置，力求实现区位优势、资源优势与市场优势的有机结合。自此，河南开始充分利用承东启西、南引北联的区位优势，不再满足于以往的配角地位，开始高度重视工业化、城镇化的经济拉动作用，而非过分强调河南作为农业大省的传统形象。河南不再单纯作为向东部地区输出农产品、能源原材料和劳动力的基地，而开始在强调突出农业和能源原材料工业基础地位的同时，更加强调突出农产品基地、能源原材料基地、劳动力转移基地以及加工制造业基地与东部地区的互补合作关系。在赶超战略的实施过程中，河南在优先发展重工业的同时，兼顾农业和轻工业，人民生活在生产发展的前提下逐步得到改善。国民经济中的一些重要比例关系，如农业、轻工业、重工业的比例，积累和消费的关系等都趋向协调。可以说，这一阶段，河南的发展战略体现了尊重客观经济规律的求实精神，并且是符合国情、省情的，因而取得了较好的社会经济效益。

在这一时期，河南国内生产总值年均增长 11.8%，保持了改革开放探索期的高增长势头。在保持高速度的前提下，河南经济增长的质量与效益也有了大幅提升。这一增长特征在实现经济软着陆之后表现尤为突出。相较于 1997 年，2001 年的河南全部国有及限额以上工业企业实现利税总额从 286.8 亿元增长到 363.9 亿元，年均增长 6.1%。反映工业技术实力的全员劳动生产率从 2.3 万元/人·年增长到 3.8 万元/人·年，年均提高 13.3%。成本费用利润率从 3.5%增长到 4.1%，工业经济效益显著提升。

四、河南与沿海省份的经济发展差距继续扩大

20 世纪 90 年代中期以来，为了缩小区域经济差距，中央政府实施了“八七扶贫攻坚”计划，采取了财政转移支付等措施，并于 1999 年做出“西部大开发”的战略决策，但“东倾”仍然是这一时期的主导性政策。

通过比较 1992—2001 年河南与沿海省份固定资产投资比重的相对变化可以看出，这一阶段的河南并未得到更多倾斜性财政政策的支持（见表 5-4）。与沿海省份相比，1992—2001 年，河南固定资产投资额占全国固定资产投资总额的比重呈微弱上升趋势，共提升了 0.4 个百分点。

表 5-4　1992—2001 年五省固定资产投资占全国固定资产投资的比重

单位:%

年份	河南	江苏	浙江	广东	福建
1992	3.95	8.81	4.47	11.41	2.82
1993	3.45	8.75	5.23	12.47	2.82
1994	3.69	7.81	5.91	12.56	3.16
1995	4.02	8.39	6.78	11.62	3.40
1996	4.38	8.51	7.06	10.16	3.45
1997	4.67	8.83	6.79	9.21	3.60

续表

年份	河南	江苏	浙江	广东	福建
1998	4.41	8.93	6.51	9.39	3.69
1999	4.44	9.19	6.32	10.14	3.48
2000	4.48	9.10	6.89	9.82	3.29
2001	4.37	8.88	7.46	9.50	3.05

在这一时期中央政府延续“东倾”政策的时代背景下，河南实施的经济赶超战略，未能达到有效控制与沿海省份经济发展差距的政策目标。区域间经济差异不仅没有实质性的改观，反而高于改革开放探索期的差异水平。在改革开放初创期，河南的国内生产总值增长率与沿海的江苏、浙江、广东、福建四省的差距呈继续扩大趋势。由表 5-5 可知，1992—2001 年，河南的国内生产总值虽然保持着年均 11.8%的增长态势，并且增长率比全国平均水平还高出了 2 个百分点。但从省际间的横向对比来看，这一增长水平仍然相对较慢。江苏、浙江、广东、福建四省的年均增长均达到 14%以上，其中福建省的增长幅度甚至比河南高出 3.1 个百分点。人均国内生产总值的增长率显示出同样的差距。河南人均 GDP 10.7%的年均增长率虽然高出全国平均水平 1.8 个百分点，但仍然比沿海省份落后了 1.0~2.8 个百分点。

表 5-5　1992—2001 年河南及沿海四省与全国的经济增长比较

单位:%

省份	河南	江苏	浙江	福建	广东	全国
GDP 增长率	11.8	14.3	14.3	14.9	14.0	9.8
人均 GDP 增长率	10.7	13.4	13.5	13.4	11.7	8.9

国内生产总值增速的落后，导致居民收入增长的差距加大。1992—2001 年，河南农村居民人均纯收入的增长率落后于广东、福建等地约 5~7 个百分点，城镇居民人均可支配收入增长率落后于江苏、福建、广东4.3~6.3 个百分点（见表 5-6）。由于起点低、增长慢，到了 2001 年，河南农村居民人均纯收入的绝对额比全国平均水平少 196 元，仅为浙江农村居民

人均纯收入的45.8%。另外，2001年，河南城镇居民人均可支配收入的绝对额与全国平均水平的差距更是高达419元，仅为浙江城镇居民人均可支配收入的50.3%。

表5-6　1992年与2001年河南及沿海四省同全国的居民收入比较

地区	城镇居民人均可支配收入（元）			农村居民人均纯收入（元）		
	1992年	2001年	年均增长率（%）	1992年	2001年	年均增长率（%）
河南	1608	5267	8.70	588	2098	7.7
江苏	2138	7375	14.70	1061	3785	5.8
浙江	2619	10465	7.70	1359	4582	6.0
广东	3477	10415	13.0	1308	3770	12.5
福建	2351	8313	15.0	984	3381	14.7
全国	2027	6860	6.7	784	2366	4.6

在这一时期，河南与沿海省份经济发展的差距迅速扩大，主要影响因素可归结为以下三点：一是在改革开放探索期，沿海地区已经在优先发展、率先改革和对外开放等方面建立起先发优势，而到了改革开放初创期，国家的投资、体制改革和开放政策继续向沿海地区倾斜。二是中共十四大以后，虽然中部地区在国家战略层面有了粗线条的发展目标和战略定位。但是，当时国家提出的区域发展目标、发展政策及相关措施并不明确、具体。加之随后的亚洲金融危机和国内有效需求的不足，使区域发展规划被暂时搁置。在这一期间，东部地区继续抢占先机，西部地区也获得了较多青睐。“中部塌陷”的问题不仅没有得到缓解，反而有继续扩大的趋势。三是在这一时期，国家层面实施了轻工业优先发展战略，这对于以重工业为主导产业的河南有较大影响。河南具有传统优势的一些重工业部门，普遍出现设备陈旧、更新改造投资不足、服务方向转型缓慢等问题。而我国市场开放的过程中，重型装备的大量进口又使河南的重工业发展遭受巨大的市场冲击。轻工业部门则在沿海地区的强力冲击下节节败退。

第三节　区域统筹发展时期的国家战略与河南战略

自中共十六大以来，中央政府把握国内外经济发展的新问题，与时俱进，提出了区域经济统筹发展的战略思想。

一、区域统筹发展战略思想的科学内涵

区域统筹发展战略与区域协调发展战略的内涵存在差别。所谓“协调”，主要指“配合得适当”。所谓“统筹”，就表层意义而言，指“统一筹划”；就深层而言，它包括了一个过程的五个步骤，即统一预测、统一计划、统筹实施、统一指挥和统筹掌控。

“统筹”与“协调”，都强调各地区要各展所长、共同发展，都指出要将区域间的发展差距控制在可以承受的范围内。但二者在词义上也有显著不同。首先是关注点的不同。“协调”关注的是部分与部分之间的比例关系是否合适；“统筹”关注的是总体与部分之间的关系，更强调全面性、总括性。其次是强调重点的不同。“协调”强调的是结果，即最终的状态。“统筹”强调的是过程，更凸显行为主体的主观愿望和努力。因此，统筹区域发展是对区域协调发展思想的继承和深化。

综上所述，所谓统筹区域发展的战略思想，就是秉持科学发展观，从全国一盘棋的角度出发，将中国经济看作一个有机整体，把各种层次的区域纳入国民经济与社会发展的全局，进行通盘筹划、综合考虑。通过宏观调控，实现区域间经济的高度良性互动和融合发展，有重点、分阶段地全面解决各种区域问题，逐步协调区域关系并促进同步发展。

就国际经验而言，当一个国家中发达地区的经济发展水平达到人均 GDP 约 5000~6000 美元的中等发达水平时，就应该从全局的角度统筹区域发展，联动解决区域问题。在我国，经过改革开放的快速发展后，东部许多沿海城市已率先达到中等发达水平。东部地区产业结构与产业布局的大

规模调整势在必行。这就决定了在21世纪之初，统筹区域发展成为中国社会经济发展的重大问题。

二、统筹区域发展战略区别于以往发展战略的典型特征

我国统筹区域发展战略的基本思路是：以明确的区域发展战略为依据，统一安排解决不同区域的发展问题，形成区域间相互合作、相互支持、共同发展的新格局。与以往发展战略相比统筹区域发展战略具有以下典型特征。

（1）在推进对象方面，由“主次性”转变为“全面性”，更强调区域发展的整体性。在过去的区域发展规划中，往往存在主次之分，习惯于从“重点区域”或“问题区域”的视角出发，谋划区域发展问题。中华人民共和国成立初期的平衡发展战略，是以内地为主、沿海为次。改革开放后的沿海倾斜发展战略，是以沿海为主、内地为次。这些战略都以重点支持特定区域发展为主要特征。由于重点区域涵盖的空间范围比较有限，这就导致在区域发展方面容易出现顾此失彼的现象。

统筹区域发展战略以广阔视野和统筹兼顾的方法，把东部、中部、西部和东北地区看作一个整体，进行通盘考虑，提出四大经济区域的发展没有主次之分。统筹区域发展战略突破了单极思维模式，实现从“单极突进”到“多轮驱动”，从“局部区域”发展到“全局”的协调发展。

在统筹区域发展战略模式下，东部率先、西部大开发、中部崛起、东北老工业基地振兴的四大发展构架，涵盖了除港澳台地区以外的绝大部分中国地区。中央从地域分工角度，针对不同区域的特征，实施差异化的分类管理政策，形成布局合理、开发有序的地域空间格局。

（2）在推进路径方面，由“先后性”转变为“共时性”，更强调发展权的公平性。“先富后富”战略，在推动沿海地区超常发展的同时，也容易使其他地区产生发展权上的不公平感。统筹区域发展战略从三个维度实现“公平原则”：一是“区际公平”，各区域获得均等的发展机会。某一区域的发展，不会以牺牲其他区域的发展机会为代价。统筹区域发展战略，

不同于传统的“梯度推进”，在科学发展观的指引下，倡导尊重各区域的发展权、“机会均等”的新理念。二是“代际公平”，即要继续坚持可持续发展战略，绝不能以牺牲环境为代价去谋求发展，不能为了当代人的发展而剥夺后代人的发展权。三是“人际公平”，即强调以人为本，充分发挥财政转移支付的“补齐熨平”作用，对落后区域给予扶助和支持，使各区域在共同发展的过程中逐步缩小差距，最终走向共同富裕。

（3）在推进方式方面，由“弥补性”转变为“互利性”，更强调区域间的共生性。传统的非均衡发展战略，主张一部分地区先富起来，到一定阶段再实施先富帮后富，实现共同富裕。在这种思维模式下，先富地区对贫穷地区的“帮富”是出于一种道义责任，而缺乏内动动机。统筹区域发展战略，将共生理念引入发展战略。从共生的角度出发，区域之间是一个有机共生的大系统。区域发展之间存在极大的互补性，如东部地区有资金和技术优势，中西部地区有资源、人才和市场。这种互补性，既是东部地区从“先富”走向“更富”的基础，也是贫穷地区通过区际互动实现“共富”的平台。

（4）在推动目标方面，由“缩小区域生产力水平差距”转变为“缩小居民生活水平差距”，更强调“以人为本”。区域之间的差距不仅体现在经济增长方面，还体现在劳动就业、居民收入、公共服务等许多领域。以前，我国缩小地区差距的政策往往过多地强调地区之间经济发展水平的平衡，更加重视经济总量、GDP 增速、财政收入等因素，对于劳动就业、居民收入、人的发展则关注不多。在统筹区域发展战略模式下，大力提倡“以人为本”的发展理念。就是强调缩小区域发展差距，必须注重实现基本公共服务均等化。统筹区域发展战略强调把发展经济和改善民生密切结合起来，人民生产生活条件、公共服务水平，也都被纳入政策框架。人民群众的幸福感、获得感，人的全面发展指数、社会的和谐指数等，日益成为衡量区域发展水平的重要数据标准。

三、以统筹发展为指导思想的中部崛起战略

根据中共十六大报告对统筹区域发展战略思路的描绘，中国促进区域协调发展的总体战略布局是：东部继续率先提高自主创新能力，率先实现经济结构优化升级，改变粗放发展模式。东北三省加快产业结构调整和国有企业改革改组改造，重振老工业基地。西部地区通过国家支持和区域合作，由资源产业向现代产业体系转型。中部六省，要承接和对接产业梯度转移的大趋势，在承东启西中谋求崛起机遇。自2004年起，中国的区域发展政策更明确地表现出“中部崛起”的新迹象。2004年3月发布的《政府工作报告》中，首提促进中部地区崛起的战略构想。2005年3月，全国政协召开由国家十部委（局）参加的促进中部地区崛起提案协商现场办理座谈会，中部崛起由此“破题”。随后，中部省份纷纷表态，立志“崛起”。2006年，“十一五”规划将“促进中部地区崛起”列入纲要。“十一五”规划明确提出：要增强中部地区粮食生产能力，支持该地区煤炭基地建设，加快产业结构调整，建设精品原材料基地、构建综合交通体系。此后，中部六省加强了横向联动。自2006年开始举办的中国中部投资贸易博览会，每年一届，如今已成为中部地区规模最大、规格最高、影响最为深远的商界交流平台。

2010年8月，国家发展改革委发布《促进中部地区崛起规划实施意见的通知》和《关于促进中部地区城市群发展的指导意见的通知》，明确提出中部地区崛起的总体目标和具体工作方案。根据规划，河南将建设全国重要的先进制造业基地；湖北实施工业强省战略；安徽加快形成以高新技术产业为先导、以先进制造业和基础产业为支撑、大中小企业合理布局的主导工业体系；江西构建原材料工业、加工制造业、高技术产业相互支撑、协调发展的工业体系；山西致力于建设国家新型能源和工业基地；湖南加快发展先进制造业和现代服务业，加强基础产业基础设施建设；河北加强现代农业和重要商品粮基地建设，发展有竞争力的制造业和高新技术产业，提高工业化和城镇化水平。

在“中部崛起”这一国家战略的推动下，中部地区六大城市群，即河南的中原城市群、湖北的武汉城市圈、湖南的长株潭城市群、安徽的皖江城市带、山西的太原都市圈，以及江西的环鄱阳湖城市群应运而生。其中，武汉城市圈、长株潭城市群、中原城市群、皖江城市带四个城市群入围中央关于中部崛起的10号文件。这些区域自此进入国家宏观战略的视野。特别是其中的中原经济区和武汉城市圈成为领跑“中部崛起”的“双核心”。

在“中部崛起”的宏观规划引领下，中部各省因地制宜地实施特色战略。2017年，中部地区GDP总值已达17.1万亿元，占全国GDP的比重达19.0%。中部6省GDP同比增长幅度在7.4%~11.0%，平均增幅为9.1%，远高于中国GDP 6.6%的增长率水平。在各个城市群的增长极引领下，中部崛起战略已初显成效。

四、改革开放建设期河南整合型、重创新的经济发展战略

进入改革开放建设期后，与当初沿海经济起飞时相比，河南经济发展面临的有利政策空间相对收敛，主要表现为：非农业建设用地政策趋紧；汽车、钢铁等部分产业的投资政策趋紧；生态环境政策趋紧。在这一背景下，河南开始以整合的理念统筹规划省域发展，提出中原崛起经济发展战略，力求进一步健全市场经济机制、促进生产要素的区际流动。河南以中心城市为核心，逐步形成不同层次、互为补充、各具特色的主导产业和区域产业结构，构建起现代城镇体系。

2003年7月，中共河南省委提出“中原崛起”战略。中原崛起的总要求是，建设“农业先进、工业发达、文化繁荣、环境优美、人民富裕、社会和谐”的河南。实现中原崛起，就意味着经济结构的战略性调整，工业化、城镇化、农业现代化的加快推进，经济发展中体制性障碍的逐渐消除。

实施“中原崛起”战略后，河南的经济发展速度加快，经济总量规模迅速扩大。历年来，河南地区的经济增长速度基本高出全国平均水平1~2

个百分点。经过多年的基础设施建设，河南在电力、交通、通信等方面取得了令人瞩目的成绩。中原交通运输大通道框架基本形成，自 2006 年开始，高速公路通车里程连续多年居全国第一位。

河南投资环境逐步改善，城市功能不断完善，为经济快速发展提供了有力保障。特别是在工业经济领域，结构优化、动力转换、发展方式加快转变。2003—2007 年，河南工业增加值年均增长 18.2%，进入发展的黄金期。受全球性金融危机的影响，2008 年后，工业生产虽有所放缓，但仍保持良好的增长态势。2008—2018 年，河南工业增加值年均增长 10.8%，工业利润年均增长 16.4%。

“中原崛起”战略的成功实践，为更进一步的中原经济区建设奠定了坚实基础。中原经济区是以郑州都市区为核心、以中原城市群为支撑、涵盖河南全省延及周边地区的经济区域。中原经济区是中国人口数量最多的国家级经济区。总人口约 1.5 亿人，总面积约 28.9 万平方公里，包括河南 18 个地市及山东、安徽、河北、山西 12 个地市 3 个县区。作为国家层面的重点开发区域，中原经济区位于我国陆桥通道横轴和京广通道纵轴的交会处，是带动中部崛起的重要基地，也是我国改革发展的重要支撑。

河南经济社会的发展方向日渐清晰，但保障目标实现的发展路径仍须进一步探索。总结中华人民共和国成立以来河南的发展实践，河南省委、省政府深刻意识到，要想使“中原崛起”战略和中原经济区建设真正落到实处，区域创新能力的建设是重中之重。2006 年，河南省委、省政府发布《河南省中长期科学和技术发展规划纲要》，提出：实施自主创新跨越发展、建设创新型河南的战略导向。

为了全面落实《纲要》精神，近年来，河南坚持以科学发展观统领经济社会发展的全局，贯彻“自主创新、重点跨越、支撑发展、引领未来、推动中原崛起”的战略方针，坚定不移地实施“科教兴豫”“开放带动”“可持续发展”“人才强省”四大战略，以体制改革和机制创新为根本，推动科学技术跨越式发展，实现经济发展由资源主导型向创新主导型的转变，大力建设创新型河南。

五、河南与沿海省份的经济发展差距再度缩小

在改革开放建设期，河南坚持以科学发展观为统领，重视解决“三农”问题。通过引导区域产业结构、城乡关系、区域关系的进一步调整，努力实现区域工业化、城镇化和农业现代化的协调推进。经过不懈努力，河南经济发展与沿海省份的差距开始呈现缩小迹象。

2002—2017 年，河南与沿海省份固定资产投资比重的相对变化，可以看出这一阶段河南的经济增长已开始发力（见表 5-7）。河南固定资产投资额占全国固定资产投资总额的比重逐步上升，总体提升了 2.6 个百分点。同期，在长江三角洲，江苏的固定资产投资额占全国的比重基本保持稳定，浙江的比重则下降了 2.8 个百分点。在珠江三角洲，广东的固定资产投资额占全国的比重也下降了 2.4 个百分点。山东的固定资产投资额占全国的比重小幅提升了 0.5 个百分点。在沿海省份中，只有福建的比重明显提升，增幅为 1.2 个百分点。但从绝对数值来看，仍明显低于河南的比重水平。

表 5-7　2002—2017 年六省固定资产投资占全国固定资产投资的比重

单位：%

年份	河南	江苏	浙江	广东	福建	山东
2002	4.18	8.85	8.27	9.13	2.83	8.07
2003	4.16	9.96	8.99	9.05	2.71	9.59
2004	4.40	9.69	8.60	8.55	2.69	10.82
2005	4.86	9.20	7.34	7.86	2.61	10.48
2006	5.37	9.15	6.90	7.25	2.71	10.10
2007	5.83	8.93	6.13	6.77	3.12	9.13
2008	6.07	8.85	5.39	6.29	3.01	8.93
2009	6.10	8.44	4.78	5.76	2.77	8.47
2010	5.96	8.34	4.45	5.62	2.95	8.37
2011	5.70	8.57	4.55	5.48	3.18	8.59
2012	5.72	8.23	4.71	5.00	3.32	8.34

续表

年份	河南	江苏	浙江	广东	福建	山东
2013	5.40	8.83	4.88	5.46	3.51	8.20
2014	5.69	8.67	4.89	5.61	3.52	8.23
2015	6.09	8.63	4.91	6.26	3.72	8.59
2016	6.45	8.88	5.20	6.46	3.73	8.74
2017	6.76	8.96	5.43	6.70	4.03	8.59

投资拉动增长。在改革开放建设期，河南的国内生产总值增长率与江苏、浙江、广东、福建四省之间的差距显著缩小。从表 5-8 可知，2002—2017 年，河南的平均国内生产总值达到年均 12.0%的增长，这一增长率比全国平均水平高出 2.6 个百分点。从省际间的横向对比来看，河南的增长水平已超过了浙江、福建，与江苏、广东增长速度，差距在 1 个百分点之内。从人均国内生产总值的增长率来看，河南人均 GDP 12.1%的年均增长率高出全国平均水平 3.5 个百分点，这一增速相对于沿海省份来说也属领先，河南在这一阶段的人均 GDP 增长率低于江苏 0.2 个百分点，高于广东 2.2 个百分点，高于浙江 2.1 个百分点，高于福建 1.3 个百分点。

表 5-8 2002—2017 年河南及沿海四省同全国的经济增长平均值比较

单位:%

省份	河南	江苏	浙江	福建	广东	全国
GDP 增长率	12.0	12.9	11.4	11.7	12.5	9.4
人均 GDP 增长率	12.1	12.3	10.0	10.8	9.9	8.6

相对较快的增长速度使河南 GDP 在全国的比重得以提升。河南 GDP 总量自 2004 年起持续排名全国第五，GDP 占全国的比重也从 2002 年的 5.0%提升至 2017 年的 5.3%。

随着国内生产总值的快速增长，河南城乡居民收入实现了较沿海省份更快的增长。2002—2017 年，河南农村居民人均纯收入的增长率比全国平均水平高出 0.5 个百分点，比沿海的江苏、浙江、广东、福建四省高出 1.0~2.7 个百分点。城镇居民人均可支配收入增长率与全国平均水平持平，比浙江、广东、福建高出0.6~1.8个百分点（见表5-9）。

从收入差距的绝对额来看，由于在之前累积了较大的发展差距，到了2017年，河南城镇居民人均可支配收入的绝对额仍比全国平均水平少6838元，但相对差距在缩小。河南城镇居民人均可支配收入占到最高的浙江省城镇居民人均可支配收入的57.7%，这一比例比2001年的54.7%已提高了3个百分点。同样，河南农村居民人均纯收入也比全国平均水平少713元，但相对差距已缩小。2017年，河南农村居民人均纯收入占最高的浙江农村居民人均纯收入的比例为51.0%，比2002年的44.9%提高了6.1个百分点。

表5-9　2002年与2017年河南及沿海四省居民收入比较

地区	城镇居民人均可支配收入（元）			农村居民人均纯收入（元）		
	2002年	2017年	年均增长率（%）	2002年	2017年	年均增长率（%）
河南	6245	29558	10.9	2216	12719	12.4
江苏	8178	43622	11.8	3996	19158	11.0
浙江	11716	51261	10.3	4940	24956	11.4
广东	11137	40975	9.1	3912	15780	9.7
福建	9189	39001	10.1	3539	16335	10.7
全国	7703	36396	10.9	2476	13432	11.9

第六章　河南经济发展的战略展望

河南是我国的经济腹地、人口大省和重要市场，在我国地域分工中扮演着重要角色。河南依靠占全国1.7%的土地，承载着占全国7.0%的人口，贡献了占全国8.7%的粮食产量，创造了占全国5.3%的GDP贡献。河南地处中原腹地，起着承东启西、辐射八方的作用。事实上，中原崛起的意义已远远超过河南自身发展。加快河南的发展，是提高中国国家竞争力的重大战略举措，是推动区域经济统筹发展的客观需要。自2008年以来，《河南省粮食生产核心区建设规划》《中原经济区规划》《郑州航空港经济综合试验区发展规划》先后获得国家批复。以粮食生产核心区建设为切入点，以中原经济区建设为支撑，以郑州航空港经济综合试验区建设为最终落脚点的未来三大战略方向，将是国家区域经济布局的重要一步，是河南对外开放的奋力一跃，是实现中原崛起振兴的关键一举。

第一节　战略方向之一：建设粮食生产核心区

建设粮食生产核心区，探索粮食生产的长效增长机制，不仅有利于充分发挥河南的农业优势，推动河南经济社会又好又快地发展，而且对中西部地区的崛起、对国家粮食安全和实现全面现代化具有深远影响。

一、规划背景

自改革开放以来，河南的粮食产量已从400多亿斤增长到2019年的1339亿斤。尤其是近20年来，河南作为全国的小麦主产区，夏粮产量连续跨越了三个大台阶。1984 年，河南夏粮产量首次突破 300 亿斤。到 1996 年，跃上 400 亿斤的大台阶。到 2004 年，河南夏粮产量又跃上了 500 亿斤的大台阶。到 2008 年，河南夏粮再次增产 100 亿斤，跃上 600 亿斤的大台阶。2019 年，河南夏粮产量为 749 亿斤，再创历史新高。河南已经真正成为中国人的大粮仓。河南是全国的第一人口大省、第一农业大省和第一粮食生产大省，党中央、国务院对河南的粮食生产寄予厚望。利用现有基础和良好条件，贯彻落实好中央的粮食安全大计，继续提升粮食综合生产能力，探索建立粮食稳定增长机制，是河南义不容辞的责任。

建设国家粮食生产核心区，正是河南担起国家粮食安全重任的最好途径。2009 年 9 月，国务院批准了河南省发改委编写的《河南粮食生产核心区建设规划（2008—2020 年）》，回顾了河南建立国家粮食生产核心区的独特优势：一是有条件。河南平原面积大，土壤、气候条件好，光照充足，适宜多种作物生长。农业科研实力雄厚，能为粮食生产提供有力的科技支撑。二是有基础。河南省委、省政府高度重视粮食生产，全面落实支农惠农政策。河南用全国 1/16 的耕地，生产了全国 1/4 的小麦、1/10 的粮食。不仅解决了近亿人口的吃饭问题，每年还调出 300 多亿斤的原粮及加工制成品，为国家粮食安全做出了重要贡献。三是有潜力。目前，河南玉米、水稻等秋季高产粮食作物的种植面积还有望进一步扩大，粮食单产还有继续提升的空间。河南有近 7000 万农民，广大农民普遍有着提升种粮收入的迫切愿望和积极性。农民致富，是河南全面建设小康社会和实现中原崛起的核心目标之一。作为粮食生产的“核心区”，关键是要审慎认定“核心区”的地理区划。根据《河南粮食生产核心区建设规划（2008—2020 年）》，河南在黄淮海平原、豫北豫西山前平原和南阳盆地这三大区域内，选择了集中连片的 95 个县（市、区）作为河南粮食核心区的主体范围。这些区域占全省耕地面积的 83.5%、基本农田面积的 85%，基础条件好、现状水平高、增产潜力大。其中有 89 个县，已被认定为国家粮食生产大县。

二、指导原则

河南粮食生产核心区的建设应遵循如下指导原则：一是目标双赢，统筹协调。不仅要稳定提高粮食综合生产能力，建立粮食生产增长的长效机制，为国家粮食安全做出新的贡献，而且要加快推进农村经营体制的改革创新，以粮为基，统筹破解“三农”难题，探索工业化、城镇化与粮食安全双赢的全新发展道路。二是内涵发展，主攻单产。加大科技支撑力度，依托科技进步改造中低产农田，提高良种覆盖率，稳步提升农业单产，实现粮食生产领域的内涵式增长。三是优化布局，突出重点。基于对黄淮海平原、豫北豫西山前平原和南阳盆地自然条件的综合考虑，进一步优化生产力布局，形成集中连片、稳定高产的粮食生产基地。四是区分轻重，有序推进。明确各地增产项目的优先次序。有计划、分步骤地实施重大工程。为尚无投资渠道的项目开展衔接汇报工作，争取尽快列入国家投资预算。五是节约资源，保护生态。注重资源节约和环境保护，保证规划区域主要河流的生态用水，积极推广节约型耕作模式，防止农业污染。加快建设沼气工程，推广应用秸秆还田等。六是创新机制，政策支撑。创新管理机制，综合运用投资、财税、价格、金融、法律等多维手段，建立主产区利益补偿制度，形成粮食增产、农民增收的长效机制。

三、战略要点

河南应依据各地的自然地理条件，合理规划农业生产力布局，引导发展特色优势产业，形成农业规模化运营。同时，必须处理好粮食生产核心区建设与区域协调发展的关系，重视粮食生产核心区的工业化、城镇化进程。找准不同群体的利益平衡点，进行劳动力与土地资源的高效、优化配置。具体来说，河南建设粮食生产核心区的战略要点包括以下方面：一是正确处理务工劳动力与务农劳动力人口的比例关系。农业劳动力向非农产业、城镇的转移，是农村经济走向现代化的必由之路。随着农业生产率的大幅提升，种植业从业人数的下降是大势所趋。但是，作为国家粮食生产核心区，必须保证一定比例的农业劳动力人口。也就是说，农村劳动力的合理有序转移，应以保留足够的农业生产劳动力为前提。在新的发展阶段，应更多地侧重于以利益驱动的方式达成政策预期。为此，须重构农业生产的价值体系，支持青壮年劳动力留村创业。出台优惠政策，鼓励动员有农业技术的务工人员返回农业第一线，从事水产、畜牧、花卉、果品等农业深度开发。扶持种粮大户，帮助其转型成为企业家型的农业经营人才，促进农业生产的规模化和商品化发展。二是严格保护耕地面积，确保粮食生产基础。保护耕地需要从以下方面进行组织实施：①建立基本农田保护的目标责任制。各级各地政府要以详细的档案资料，明确基本农田的面积和确切位置，严格控制基本农田转为非农用地，建立“占一补一”的基本农田占补平衡制度。②建立基本农田保护的责任追究制度，层层签订责任状，实施考核问责制。③建立土地利用的动态监测制度。利用“3S”空间信息技术对耕地变化进行实时监测，严格控制新增建设用地规模。④利用土地执法监察网络，加大对非法占用耕地的监察力度。三是加大惠农支农力度，尽力减少弃耕现象。加大财政补贴力度，继续减免农业税，对小麦、大豆和稻谷主产区实行直接的种粮补贴、良种补贴和最低收购价制度，切实提高农民的种粮收益。四是完善基础设施，改善生态环境。继续完善基本农田基础设施，建设大型灌区节水工程和抗旱水源工程，以提升排涝和抗旱能力。加强农业技术装备水平，提升种田的机械化程度。五是加强农业环保教育，严控农业面源污染。普及农民对农业面源污染的认知，鼓励环境友好型农业技术的运用。通过征收环境税，抑制过度使用农药、化肥的现象。补贴无公害农产品用肥，建立良性循环的农田生态系统。

第二节　战略方向之二：建设中原经济区

在国务院印发的《全国主体功能区规划》中，中原经济区被列为国家层面的重点开发区域。国家重点开发区域是国家规划进行工业化、城镇化开发的重点地区，此类地区一般经济基础好、资源环境承载能力强、发展潜力大、集聚人口和经济的条件也比较好。中原经济区成为国家层面的重点开发区域，这是中原经济区第一次进入国家文件，正式上升到国家战略层面。这既表明中央对河南的发展成就的高度认可，也说明中央对中原经济区的发展战略的充分肯定。中原经济区建设提升日程，标志着河南的经济和社会发展由此步入“大规划”和“大成就”的新时代。

一、规划背景

中原经济区以郑州都市区为核心，以中原城市群为支撑。中原经济区总面积约28.9万平方公里，其地理范围涵盖河南18个地市，并延及周边山东、安徽、河北、山西地区的12个地市3个县区。中原经济区是中国人口数量最多的国家级经济区，总人口已达1.5亿人。中原经济区位于我国陆桥通道横轴和京广通道纵轴的交会处。该地区主体功能区明确，是我国改革开放的重要支撑，是带动中部崛起的重要基地。2012年11月，河南省发改委提交的《中原经济区规划》得到国务院的批复。中原经济区建设自此拥有了纲领性文件。中原经济区区位优势明显、市场潜力巨大、文化底蕴深厚，其建设任务大致可分为两个递进的阶段。

第一阶段，继续提高粮食综合生产能力，优化产业结构，提升城镇化水平和质量，提高公共服务水平，实现“三化”协调发展。在经济发展进程中同步提升居民收入、改善生态环境。将中原经济区初步建成为发展活力彰显、崛起态势强劲的经济区域。

第二阶段，继续稳固粮食生产的优势地位，明显增强区域经济实力，实现城乡基本公共服务的均等化，达成城乡经济社会发展一体化的新局面。使中原经济区成为在国内具有重要影响力、经济繁荣、生态优良、社会和谐的经济区域。

二、战略定位

（一）国家重要的粮食生产和现代农业基地

建设国家粮食生产核心区和畜产品生产加工基地，集中力量保障国家粮食安全。发展高产、优质的现代农业和生态农业，继续提升农业规模化、集约化发展水平，培育现代农业产业体系，打造全国农业现代化先行区。

（二）全国“四化”协调发展示范区

同步推进“四化”（工业化、城镇化、信息化和农业现代化），探索构建工业与农业、城市与乡村之间的利益协调机制。大力推动土地集约利用和农村人口有序转移，加快形成城乡经济社会一体化的发展格局，努力成为全国“四化”协调发展的典型示范区。

（三）全国重要的经济增长板块

提升中原城市群的先进制造业和现代服务业竞争力，将中原经济区打造成为我国的内陆开放高地和人力资源高地，使之成为引领中部崛起的核心地带，成为支撑全国经济增长的重要板块。

（四）全国重要的现代综合交通枢纽

强化承东启西、连南贯北的战略通道功能，加快现代综合交通物流体系的建设，努力成为全国重要的现代综合交通枢纽。

（五）华夏历史文明的传承和创新区

在传承中原文化的同时，弘扬华人根亲文化。提升文化软实力，打造既体现中原风貌，又具有国际影响力的区域文化名片。致力于传承和创新华夏文明，增强中华民族的文化自信。

三、指导原则

中原经济区建设应遵循以下基本原则。一是把解决“三农”问题当作核心任务。严格落实耕地保护制度，把保障国家粮食安全、促进农民增收、农村繁荣作为重中之重。二是把促进“三化”协调发展当作实现科学发展的根本途径。坚持走不以牺牲农业和生态为代价的工业化、城镇化道路，建立健全以工促农、以城带乡的长效机制。三是把实现内涵式增长当作经济发展的基本要求。大力提升资源利用效率，全面增强可持续发展能力。四是把保障和改善民生当作经济发展的终极目的。坚持以人为本，加快推进基本公共服务的均等化，使城乡居民平等共享发展成就。五是把改革开放和自主创新当作经济发展的不竭动力。在重点领域和关键环节大胆探索，形成有利于创新的体制机制和社会氛围。六是把核心带动、轴带发展当作区域经济发展的空间开发原则。提升郑州的交通枢纽、商务、物流、金融等一体化服务功能，加快推进郑汴一体化发展，建设郑洛工业走廊。依托亚欧大陆桥通道和京广通道，形成贯通南北、纵横东西的发展轴，提升郑州在“米”字形开发地带中的轴心带动功能。

四、坚持“五个统筹”

实施中原经济区建设战略，重点在于坚持“五个统筹”，即坚持统筹城乡发展、统筹区域发展、统筹经济与社会发展、统筹人与自然发展统筹区域发展和对外开放。

一是统筹城乡发展。要处理好工农、城乡、市民和村民之间的关系，加大以城带乡、以工促农的力度，解决好城乡二元结构的矛盾。主要可从以下四方面入手：①加大对农业的支农政策力度。积极推进农业产业化经营，增强农业竞争力，提高农民进入市场的组织化程度，提升农业综合效益。②加快城镇化进程。以大城市为核心，以中小城市为依托，形成各类型城市和小城镇协调发展的差序格局。抓住农业人口转移的历史机遇，释放城镇化进程中的内需潜力。③城市与农村的协调发展。发挥工业化进程中城市的产业带动能力和人口吸纳能力。④大力消除体制性障碍。逐步建立城乡一体化的就业制度、户籍制度、税收制度和教育制度，形成城乡共享共建的平等发展格局。

二是统筹区域发展。中原经济区地域广阔，各个片区在自然条件、历史背景和经济基础方面存在较大差异。为此，要建立健全合作机制和市场机制，形成各大板块优势互补、共同发展的新格局。①继续加强区域经济合作。中原经济区的各个板块，经济相连、使命相近、文化相通，因此也有着深度合作的可能性。应重点在生产、投资和贸易领域强化交流合作，共同打造经济发展新的增长极。②强化各区域的经济功能定位。要打破部门壁垒、地域界限，推动发展规划、产业经济、市场流通和政策法规的联动，实现整合优势。③做好宏观规划。做好跨行政区划的一体化经济规划，实施大都市圈发展战略。④推动行政区划的适时调整。通过行政区划的变迁，调解利害关系，重整资源和利益分配格局，促进统筹发展。

三是统筹经济与社会发展。中原经济区的社会事业发展水平明显滞后于经济领域的快速发展。为此，要加快科教文卫事业的繁荣发展，把经济发展与社会进步紧密结合起来。①推进基本公共服务的均等化。完善公共财政制度，尽快建立符合域情、覆盖城乡的基本公共服务体系，努力使发展成果惠及广大群众。②继续改善民生。重点推进就业、教育、医疗、住房等领域的民生工程，着力构建社会保障普惠网。③提升社会管理能力。创新社会管理机制，继续完善网格化社会管理模式，推进服务型政府建设，履行好政府的公共服务职责，同时推动社会管理的重心下移，增强公民意识，提升城乡社区自治能力。

四是统筹人与自然发展。要避免在追求经济增长的过程中，忽视对自然生态的保护。①促进人与自然和谐发展。改善生态、美化环境，努力走出一条经济增长快、生活质量高、生态环境好的文明发展之路。②树立人与自然统筹协调的新型发展理念。从社会道德和价值观的角度构筑生态保护的屏障。③坚定不移地推进可持续发展之路。合理开发和高效利用资源，坚持把可持续放在经济发展的首位，走新型工业化和新型城市化道路。

五是统筹区域发展和对外开放。对外开放要以区域发展为终极目标，区域发展也要充分考虑国际环境的动态变化。要立足当地，同时推行“引进来”和“走出去”两大战略。对于“引进来”的项目，要在审慎评估其对于当地资源、产业、社会的综合影响后，再决定是否引进。正确认识技术引进和自主创新之间的关系，大力提倡自主创新，将技术进步视为提升区域核心竞争力的根本支撑。通过实行“走出去”战略，在更广阔的空间参与资源配置，在国际分工与合作中提升自身竞争力。

第三节　战略方向之三：建设“郑州航空港经济综合试验区”

2013 年 9 月，习近平总书记提出建设“新丝绸之路经济带”。2013 年 10 月，习近平总书记再次提出“21 世纪海上丝绸之路”的构想。由此，一项贯穿我国改革、开放、发展的超级国家战略，一项惠及沿线国家和全球的国际战略横空出世。推进“一带一路”建设既是中国扩大和深化对外开放的需要，也是加强和亚欧非及世界各国互利合作的需要。“一带一路”倡议的实施，为郑州航空港经济区的快速发展带来了重大机遇，也为郑州航空城的构建、规划和发展带来了政策支撑和发展基础。

中原经济区建设上升为国家战略后，其五大战略定位的实现，急需寻找一个适宜的切入点。这个切入点既要吸引和汇聚高端生产要素，也要以强大的实力辐射和带动区域的整体发展，还要成为改革创新的先行区和开放新高地。当前，航空经济已成为区域发展的重要增长极，全球有 40%的货物出口和 25%的企业销售依赖空运，航空经济对全球经济增长的贡献率已达 7.5%。河南郑州有南联北引的区位和交通优势，有陆空衔接便利的航空港，也有相对完备的开放条件。大力发展航空经济，打造功能完备的航空经济试验区，郑州具有天然优势和现实条件。在此情景下，建设“郑州航空港经济综合试验区”的规划横空出世，成为中原经济区建设的战略切入点。

一、建设目标

在国务院下发的《关于支持河南省加快建设中原经济区的指导意见》中明确提出，要“大力推进郑州国内大型航空枢纽建设”。2013 年 3 月，《郑州航空港经济综合试验区发展规划（2013—2025 年）》得到国务院的正式批复。该规划提出，建设郑州航空港经济综合试验区，对优化我国航空货运布局，推动航空港经济发展，带动中原经济区三化协调发展，促进中西部地区全方位扩大开放具有重要意义。郑州航空港经济试验区位于郑州市东南，距郑州市主城区约 20 公里。该区域以郑州新郑国际机场为核心和发端，规划面积 138 平方公里，户籍人口约 6.8 万人，耕地面积约 8 万亩。郑州航空港经济试验区是郑州都市区“六城十组团”的重要组成部分，被确立为河南省对外开放的重要窗口、改革发展的综合试验区，也将是河南省经济社会发展的核心增长极。作为国内首个上升为国家战略的航空港经济发展先行区，郑州航空港经济综合试验区将成为中原经济区建设的战略切入点。其建设发展基于整体规划，循序渐进、分步实施。其发展愿景为：到 2025 年，将建成富有活力、彰显优势、具有国际影响力的航空港经济综合试验区。将建成航空货邮吞吐量达 300 万吨的“大枢纽”，跻身重要的国际航空货运集散中心之列。试验区内与航空相关的高端制造业产值超过万亿元，形成高端引领、创新驱动的航空产业体系。试验区的进出口额达到 2000 亿美元，成为营商环境国际一流的内陆开放高地，成为引领中原经济区发展、服务全国、连通世界的重要经济增长极。为使这一宏伟蓝图早日成为现实，郑州航空港经济综合试验区特别设计了“一体两翼、两纵三横、一脉两心”的空间规划。“一体两翼”是指将机场功能区作为主体，形成南北两翼；“两纵三横”是指将纵向的四港联动大道和雁鸣路作为南北方向主轴，同时打造三条东西方向的横向功能主轴；“一脉两心”是指将南水北调干渠作为景观水脉，以此串联起作为航空城北翼的生活服务中心和作为南翼的生产服务中心。

二、战略定位

（一）国际航空物流中心

大力发展连接世界主要经济体的航空物流通道，建设郑州国际航空货运机场，完善陆空衔接的综合运输体系，提升货运集散能力，建成重要的国际航空物流中心。

（二）以航空经济为引领的现代产业基地

发挥航空运输的关联带动作用，以创新驱动发展，汇聚高端生产要素，扶持航空设备制造维修、航空物流等高附加值重点产业，培育与航空产业相关联的高端制造和现代服务业，打造产业集聚优势，成为全球航空经济中生产和消费供应链上不可替代的重要节点。

（三）内陆地区对外开放的重要门户

构建开放型经济体系，加快推进综合保税区、保税物流中心和陆空口岸的建设。继续大力提升航空港的对外开放门户功能，提升国际价值链的分工地位。

（四）现代航空都市

形成以航兴区、以区促航的良性互动模式，坚持走集约、智能、低碳化的产城融合之路，建设国际化程度高、以空港和产业为支撑、生态宜居的现代航空都市。

（五）中原经济区核心增长极

强化产业集聚，延伸产业链条，提升综合发展实力，逐渐成为中原经济区最具发展活力的成长性的经济增长极。

三、核心任务

（一）建设竞争力强的国际航空货运枢纽

大力提升郑州机场的货运枢纽功能和货运保障能力。发展多式联运，实施高效集散。继续完善国内航线网络，提高枢纽机场和支线机场的通达性。强化与国内外大型枢纽机场的合作，开辟新航线、加密航班，构建联通全球的空中通道。向航空货运的上下游市场不断拓展，建设区域物流运营中心，支持在郑州机场设立大型物流基地。

继续完善陆路交通运输体系。构建以航空港为核心，呈放射状的陆路运输交通网络。将登封至商丘、机场至周口的高速公路，与京港澳高速、机场高速和郑民高速共同打造成为“三纵两横”的高速公路网；升级改造干线公路，形成“五纵六横”的干线公路网。大力发展城际铁路，加快建设以郑州为中心的“米”字形铁路网，为航空港的发展提供更为通达的陆路运输配套支撑。

加快发展多式联运。构建形成航空、公路、铁路高效衔接的陆空联运体系。建成一批布局合理、集散便捷的综合性场站和设施，提升转运服务能力。大力发展“卡车航班”，打造航空货物的“门到门”式运输服务模式。发挥海关特殊监管区域的货物集散和转运功能，积极发展高铁快递业务，推动郑州机场与郑州高铁客运枢纽站的密切协作，推动空铁联运。

（二）建设高端航空产业体系

大力发展航空物流业。推动快递龙头企业在航空港区建设快递物流基地，扶持航空物流园的建设。加快发展空空联运，强化与国外枢纽机场之间的信息共享和口岸合作。重点发展以电子信息、药品、食品、时装、花卉为特色的航空物流。基于航空经济的特色优势，建设航空航材制造维修基地。大力培育航空设备制造等高端制造业，引导本地的装备制造和电子电气企业向航空设备制造领域大胆拓展，积极引进国内外航空设备制造及维修企业。构建开放共享的航空领域创新平台，打造产业研发战略联盟，加快探索产业前沿技术、突破关键技术。大力发展为航空制造业提供配套的新型合金材料、复合功能材料产业，建设智能化、轻型化的精密机械产品生产基地。引导电子信息产业实施跨越式发展，建设全球重要的电子信息产业基地。以开放的态度建设全国重要的生物医药产业基地。大力发展专业会展、电子商务、航空金融等现代服务业。积极承办国际性的品牌产品发布会、博览会和展销会，打造具有国际影响力的航空产业展会品牌。在进出口通关、结售汇服务等方面，开展跨境贸易电子商务改革。支持金融机构围绕航空港经济开展金融创新，加快发展供应链融资、进出口贸易融资、航空运输保险等业务。积极发展航空信息服务、人才培训、商务咨询和认证评估等服务外包业务。

（三）建设绿色智慧航空都市

建设高水平的城市综合服务区。提升高端商务商贸服务功能，吸引企业区域总部和研发、营销服务中心的入驻，大力发展总部经济。打造良好的区域生态循环系统，建设传统文化与现代文明相得益彰的高品位城市社区。应用城市智慧管理系统，实施信息惠民工程。推进现代化的城市基础设施建设。加快推进空港试验区的路网建设，构筑功能和布局相宜的交通路网系统。建设与试验区外部无缝衔接的放射状快速通道，实现物流、人流的高效集散功能。构建保障有力的市政设施体系，健全基本公共服务体系，设计人性化的生活服务功能。注重环境保护和生态宜居，依托南水北调干渠和新 107 国道沿线生态廊道景观带，加快建设区域内的绿网水系；实施河道治理，形成生态景观。发展循环经济，加大环境风险检测。

（四）建设内陆开放型航空港区

提升开发、开放平台的综合服务功能。整合海关特殊监管区域，加快完善郑州新郑综合保税区的物流、仓储、研发、展示等功能。完善航空口岸功能，大力建设内陆地区口岸后续监管场所，促进电子口岸平台建设，加快推动进出口货物通关的无纸化改革。营造国际一流的营商环境。从企业的注册、融资、跨境交易、结算、投资者保护等方面入手，加强与国际规则的接轨。提升贸易仲裁的专业化水平，建立健全商事纠纷解决机制，与商会、行业协会建立长期互动机制。设立便利化的投资办理程序，为企业办理通关申报、税务、外汇、金融、货代等提供业务咨询。创新对外开放的体制与机制，增强空港试验区民航业的对外开放力度，吸引优质外资进入民航业。支持空港试验区开展海关监管制度创新，鼓励中外航空公司积极开设往返郑州的国际客货运航线。大力支持航空物流和加工贸易的发展，探索建立充满活力、具有国际影响力的海关特殊监管区域。带动中原经济区的全局发展。强化航空港经济试验区对整个中原经济区的支撑引领作用。充分发挥试验区开放、交通、产业的优势，继续提升郑州国家级中心城市的战略地位。发挥对外开放的门户功能，对外承接高水平的产业转移，对内带动开放型经济体系的构建。完善陆空集疏运网络，打通中西部国际货运通道，在更大范围、更高层次上实现产业协同和市场拓展。将空港试验区打造成为中原经济区参与全球投资贸易的重要平台和国内同类地区发展航空经济的典范标杆。

第四节　两大战略举措

为配合建设粮食生产核心区、中原经济区和郑州航空港经济综合试验区三大战略，河南省政府确立了“两不三新、三化协调”与“一个载体、三个体系”的战略举措。

一、两不三新、三化协调

“两不三新”包括“两不牺牲”与“三个新型”。河南选择的发展路径是不以牺牲农业和粮食为代价，不以牺牲生态和环境为代价的发展之路。河南的发展建设走的是以新型城镇化、新型工业化、新型农业现代化为特征的“三化”协调的科学发展之路。河南的新型城镇化道路，强调的是以城乡统筹、产城互动、生态宜居为基本特征的城镇化之路。大中小城市与小城镇、新型农村社区协调共生，构筑起现代社会的城市圈体系。新型城镇化的“新”，在于充分考虑农村、农民的发展诉求，突出了城乡一体化的发展理念，是力求破解城乡二元结构的城镇化，是更均等、更公平的城镇化。在新型城镇化的进程中，不仅注重农民整体素质的提升和生产生活方式的转变，还关注就业方式和人口结构的改变，更注重新型农村社区和小城镇、县城、中心城市的互促共进、统筹发展。

河南的新型工业化道路，“新”就新在，这是一条以自主创新为根本动力，依托信息化机遇，构建科技含量高、经济效益好、人力资源优势得以充分发挥的现代工业体系。河南的新型农业现代化道路，“新”就新在，以稳定和完善农村家庭联产承包责任制为基础，继续提升科学技术和现代化机械、综合服务体系对农业发展的支撑作用，打造以集约化、产业化程度高、优质高产、绿色生态为主要标志的现代农业部门。在新型工业化、新型城镇化、新型农业现代化的协调发展过程中，需要发挥“新型城镇化”的引领作用，发挥“新型工业化”的主导作用，并发挥“新型农业现代化”的基础作用。“三化”协调发展，要以产业经济为基础，以改善民生为根本，以扩大就业为先导，打造产城融合互动的良性发展机制，实现工业发展与城市建设、农业增产与农民增收、城市繁荣与乡村进步互为支撑、同步推进。

二、一个载体、三个体系

一个载体是指区域经济社会发展要以产业集聚区为主要载体。三个体系是指构筑现代产业体系、现代城镇体系、自主创新体系。一个载体、三个体系是河南落实科学发展观，实施“两不三新”协调发展模式的具体抓手。

产业集聚区是以特色主导产业为支撑的经济区域，是实现产业结构升级、空间合理布局的重要经济功能区。河南产业竞争优势的构建，正是以产业集聚区为重要抓手。为此，河南实施了产业集聚区规划、城市总体规划、土地利用总体规划的“三规合一”。在企业（项目）布局时考虑产业的集群发展和资源的集约利用，为集聚区提供高效的投融资服务、中小企业担保、土地开发整理等配套支撑服务平台。经过近年来的发展实践，河南全省 180 个产业集聚区的发展态势良好，已形成集群整体优势和产业互动格局，成为经济结构转型升级的突破口、招商引资的主平台和县域经济发展的重要增长极。

从 2011 年开始，河南按照“竞争力最强、成长性最好、关联度最高”的原则，打造包括现代农业、工业主导产业、高新技术产业、现代服务业、基础设施和基础产业五大领域的现代产业体系。这套现代产业体系共包含 18 个产业部门。其中，新能源汽车、生物、新能源、新材料是四大先导产业。汽车、电子信息、装备制造、食品、轻工、建材是六大高成长性产业。化工、钢铁、有色金属、纺织服装是四大传统优势产业。金融、物流、文化、旅游是四大现代服务业。建设现代产业体系，有利于提升产业系统的协同关系，构筑区域产业经济的整体竞争优势。河南的现代城镇体系包含五个层次：国家区域性中心城市、省域中心城市、中小城市、中心镇和新型农村社区。目前，针对城镇化进程中出现的各种新情况与新问题，河南提出“中心城市组团式发展”，在城区发展“商务中心区”“特色商务区（街）”的发展理念和具体举措，不断提升城市品位、完善城市功能，进一步丰富现代城镇体系的空间形态和协调布局。河南的自主创新体系以市场为导向，以企业为主体，以重大科技专项为切入点，以提升区域创新能力为目标。近年来，一系列以培育主体、打造平台、建设基地、创新机制为主要内容的政策举措，推动着河南科技创新的体制机制转变，在传统产业改造升级、破解尖端技术“瓶颈”、建设共性技术平台等方面取得了显著成效。

第五节　远景展望

未来的河南计划将中原经济区打造成为中部区域经济合作的新载体，成为汇聚产业、集聚资本的新平台。这对于进一步凸显河南的区位优势，加快中部崛起步伐、优化全国区域发展格局具有重大的战略意义。中原经济区的未来发展，将进一步强化郑汴都市群和郑汴洛工业走廊的增长极功能，继续提升洛阳的区域副中心地位。建设中原经济区，推动中原城市群的整体健康发展，构建新型城镇体系，将通过发挥城市群与产业集群的叠加优势，实现区域发展模式由点轴开发向网络共进的方向转变，提升区域整体的核心竞争力。

中原经济区的未来发展，将以保障农业和粮食稳定生产为基础，大力推动粮食核心区的建设。严格保护耕地，稳定种植规模，全面实施科技兴农战略。通过土地流转、产供销合作，提升粮食生产的规模化、集约化水平。打造优质小麦、玉米、水稻、肉类、乳品、林产品、果蔬、花卉园艺、中药材、茶叶十大农业产业链。推动传统农业向高效、绿色、生态的现代农业转型发展。中原经济区的未来发展，将继续建设和提升独具中原特色的工业基地。大力发展能源原材料工业基地，建成在全国规模超前、具有较高影响力、综合配套能力强的煤化工产业基地、石油化工产业基地，以及氧化铝、电解铝及铝精深加工产业基地。继续大力支持特色钢铁生产基地、铜精深加工产业基地、钼业加工基地、动力电源与核电产业基地，超硬材料产业基地等的建设发展。中原经济区的未来发展，将通过技术进步和自主创新，继续改善提升产业体系的技术水准，巩固和提高先进制造业在全国范围的战略地位。要以技术的跨越式发展为切入点，大力发展新能源汽车基地。建成全国重要的大型工矿企业装备研发与生产基地，以及精密机械工业、电子电气信息产业、生物制药产业、先进节能环保装备等制造和研发基地。中原经济区的未来发展，将继续提升农产品精深加工产业基地在全国的重要战略地位。把河南农业和粮食生产的传统优势，转化成为以食品工业为主导的制造优势。逐渐将河南这一“天下粮仓”打造成为全国知名的“天下厨房”，实现由农业优势向工业优势的跨越和转型。中原经济区的未来发展，将更加关注龙头带动区域与广阔腹地的联动，合理布局生产力，形成整体竞争力。充分发挥中原经济区内部广阔的市场优势、庞大的人力资源储备、充裕的能源矿产条件。立足现有优势，拓展未来领域，拉动经济腾飞和社会进步。中原经济区的未来发展，将走出一条不以牺牲农业和粮食生产为代价，实现新型城镇化、新型工业化、新型农业现代化协调推进的科学发展之路，为国内同类型地区的发展提供重要借鉴。中原经济区的发展是实现中部崛起的抓手与平台，是河南建设对外开放高地、实施自主创新引领的重要载体。建设中原经济区，将继续完善我国的宏观经济布局，有利于在中部地区形成新的经济增长板块，有利于统筹协调不同梯次的发展战略，有利于在科学发展观在实践领域的贯彻落实。

自20世纪80年代以来，深圳特区的开发开放彰显珠江三角洲地区在经济体制改革进程中的先发优势；到了20世纪90年代，上海浦东新区的开发开放又进一步激活了长江三角洲地区融入全球化时代的活力与潜力。自此，珠三角、长三角迅速跃升成为中国经济中最活跃、最耀眼的“两极”。2006年5月，国务院发布《关于推进天津滨海新区开发开放有关问题的意见》，批准天津成为全国综合配套改革试验区。相关改革举措大幅推动着京津冀乃至环渤海区域合作发展的步伐，使中国经济增长的“第三极”逐渐显露端倪。伴随着东部沿海地区产业转移的进程，投资的“西进”趋势引起更多关注。2007年6月，经国务院同意，国家发展改革委正式批准重庆、成都成为全国统筹城乡综合配套改革试验区。西部明珠“重庆”迅速飙红，成长成为我国经济增长的“第四极”。

2011年国庆节前夕，建设中原经济区正式上升成为国家战略。中原经济区成为崛起于我国广袤中部平原的“新特区”。这一“新特区”承东启西、联南引北，既为破除城乡二元结构矛盾贡献力量，也为全国区域经济的统筹协调发展探索新路。中原经济区能否成为未来中国经济发展的“第五极”，让我们拭目以待！

参 考 文 献

[1] 周琳琳．对河南实现由人口大省向人才强省转变的思考［J］．郑州轻工业学院学报（社会科学版），2004（11）．

[2] 刘京州．加强专业技术人才队伍建设全力推进河南经济社会发展［J］．人才资源开发，2009（2）．

[3] 汪前元，章长城．解读“以市场换技术”的十大认识误区［J］．湖北大学学报（哲学社会科学版），2005（3）．

[4] 李民昌．论河南实施人才强省战略的意义和路径［J］．学习论文，2004（12）．

[5] 鲁旭．河南高新技术产业集群的可持续发展战略研究［J］．中国经贸导刊，2010（17）．

[6] 李小建，覃成林，乔家君，等．特殊宏观背景下高新区产业发展战略研究：以河南焦作高新区为例［J］．河南大学学报（自然科学版），2002（6）．

[7] 中共河南省党史研究室．河南“大跃进”运动［M］．北京：中共党史出版社，2006.

[8] 宋连生．总路线、大跃进、人民公社化运动始末［M］．昆明：云南人民出版社，2002.

[9] 王鸣剑．上山下乡［M］．北京：光明日报出版社，1998.

[10]［法］潘鸣啸．失落的一代：中国的上山下乡运动（1968—1980年）［M］．欧阳因，译．北京：中国大百科全书出版社，2010.

[11] 陈春华．1958—1962 年陈云经济领导工作研究［D］．湖南师范大学硕士学位论文，2006.

[12] 付春. 新中国建立初期城市化进程、原因及特点分析（1949—1957年）[D]. 成都：四川大学硕士学位论文，2005.

[13] 刘星. 新中国建国初期对外经济引进 [D]. 北京：中国社会科学院研究生院硕士学位论文，2007.

[14] 陈明. 建国初期城乡关系研究（1949—1957年）[D]. 成都：四川大学硕士学位论文，2005.

[15] 高莹. 论建国初期计划经济体制的确立及其历史作用 [D]. 武汉：武汉理工大学硕士学位论文，2007.

[16] 余杨. 论毛泽东对新中国经济建设的探索 [D]. 南昌：南昌大学硕士研究生学位论文，2008.

[17] 马晶莹. 新中国成立后河南对新疆的人力支援研究（1956—1966年）[D]. 乌鲁木齐：新疆大学硕士学位论文，2012.

[18] 袁野. 新中国集中型科技体制研究（1949—1966年）[D]. 南京：南京航空航天大学硕士学位论文，2008.

[19] 周明长. 新中国建立初期重工业优先发展战略与工业城市发展研究（1949—1957年）[D]. 成都：四川大学硕士学位论文，2005.

[20] 韩慈. 1960年代初国民经济调整研究：论中国共产党执政能力建设的有益实践 [D]. 上海：复旦大学博士学位论文，2009.

[21] 王琳. 20世纪五六十年代中国经济体制改革论析 [D]. 石家庄：河北师范大学硕士学位论文，2008.

[22] 方勇. 湖南“三农”现代化政策的变迁及其效应：从跃进到调整（1958—1965年）[D]. 长沙：湖南师范大学硕士学位论文，2003.

[23] 王金瑞. 论河南省的“大跃进”运动 [D]. 新乡：河南师范大学硕士学位论文，2002.

[24] 黄荣华. 试论1964—1978年的“三线”建设 [D]. 开封：河南大学硕士学位论文，2001.

[25] 向东. 20世纪六七十年代攀枝花地区三线建设论述 [D]. 成都：四川师范大学硕士学位论文，2010.

［26］孙应丹．中国三线城市形成发展及其规划建设研究［D］．武汉：武汉理工大学硕士学位论文，2010.

［27］刘洋．小三线工业遗产价值评价体系研究：以鲁中南地区为例［D］．济南：山东建筑大学硕士学位论文，2012.

［28］姚佳．改革开放以来财税体制改革的历史考察［D］．湘潭：湖南科技大学硕士学位论文，2011.

［29］汪沛．改革开放以来党的城乡政策及城乡关系的演变研究［D］．芜湖：安徽师范大学硕士学位论文，2005.

［30］周争艳．改革开放以来城乡居民收入差距问题研究：以山东济宁市为例［D］．兰州：西北民族大学硕士学位论文，2008.

［31］徐永发．改革开放以来我国城乡居民收入差距问题研究［D］．武汉：武汉大学硕士学位论文，2005.

［32］娄刚．改革开放以来中国共产党国有资本政策变迁之研究［D］．成都：西南交通大学研究生学位论文，2006.

［33］徐梁栋．开放以来中国共产党经济体制模式观演进研究［D］．武汉：华中师范大学硕士学位论文，2011.

［34］闵庆兰．改革开放以来中国共产党的农村剩余劳动力转移政策研究［D］．曲阜：曲阜师范大学硕士学位论文，2012.

［35］刑雁宁．改革开放以来党的私营经济政策探析［D］．北京：首都师范大学硕士学位论文，2000.

［36］解杨帆．改革开放以来的中国反失业政策研究［D］．北京：首都师范大学硕士学位论文，2009.

［37］王姝娜．改革开放以来我国工业化进程中产业结构变动研究［D］．北京：中国政法大学硕士学位论文，2010.

［38］赵田园．改革开放以来中国特色城镇化发展道路研究［D］．曲阜：曲阜师范大学硕士学位论文，2012.

［39］许培栓．改革开放以来党的国有经济理论与政策研究［D］．海口：海南师范大学硕士学位论文，2008.

［40］朱凌．改革开放以来中国经济增长分析［D］．武汉：武汉大学硕士学位论文，2005.

［41］宋川川．改革开放以来我国利用外资战略研究［D］．曲阜：曲阜师范大学硕士学位论文，2012.

［42］娄晓菊．改革开放以来民营经济发展研究［D］．武汉：武汉大学博士学位论文，2005.

［43］吴进．改革开放以来中国农业财政政策绩效研究［D］．哈尔滨：黑龙江大学硕士学位论文，2012.

［44］陈俊．改革开放以来中共农村扶贫政策与实践研究：以安徽省颍上县为例［D］．南京：南京师范大学硕士学位论文，2012.

［45］孙亚萍．改革开放以来农村富余劳动力转移中的问题与对策研究［D］．长春：东北师范大学硕士学位论文，2007.

［46］杨晓燕．改革开放以来农村市场体系的衍变及新挑战：浙江省温州市的实证研究［D］．上海：复旦大学硕士学位论文，2009.

［47］金耀武．改革开放以来党的农村土地政策研究［D］．大庆：大庆石油学院硕士学位论文，2010.

［48］司武林．改革开放以来陕西农村现代化路径研究［D］．西安：陕西师范大学博士学位论文，2012.

［49］蔡江涛．改革开放以来我国农民工政策的演进和发展［D］．乌鲁木齐：新疆大学硕士学位论文，2012.

［50］韩毅．改革开放以来收入分配政策研究［D］．大连：大连交通大学硕士学位论文，2010.

［51］史晓菲．改革开放以来中国收入分配制度改革的历程与展望［D］．济南：山东大学硕士学位论文，2007.

［52］刘坤．改革开放以来中国共产党私营经济政策研究［D］．武汉：武汉大学硕士学位论文，2004.

［53］肖长培．论改革开放以来中国的梯度开放战略［D］．福建：福建师范大学硕士学位论文，2002.

［54］陈明爱．改革开放以来广西招商引资工作研究［D］．桂林：广西师范大学硕士学位论文，2010.

［55］张志新．改革开放以来中国政府与市场关系的历史考察［D］．长沙：湖南师范大学硕士学位论文，2004.

［56］王超．改革开放以来我国中长期规划若干问题研究［D］．长春：东北师范大学硕士学位论文，2008.

［57］杭雪花．发展哲学视阈中的中国农村城镇化发展模式：以改革开放三十年来的苏州为例［D］．苏州：苏州大学硕士学位论文，2008.

［58］张楠．论改革开放以来党对中国特色工业化道路的探索［D］．长春：东北师范大学硕士学位论文，2010.

［59］居晓娟．改革开放以来重工业的发展历程及思考［D］．太原：山西大学硕士学位论文，2009.

［60］王红．中原经济区的粮食产业化发展研究［D］．开封：河南工业大学硕士论文，2013.

［61］袁界平．发展战略选择与竞争能力提升［D］．南京：南京农业大学博士论文，2001.

［62］宋博．河南省科技发展战略演化研究［D］．石家庄：河北工业大学工商管理硕士论文，2015.

［63］汪维佳．通过私法的治理．近代以来我国政治秩序推进与家庭法变［D］．杭州：浙江大学博士论文，2015.

［64］曹亚雄，王磊．论习近平对中国共产党国家安全思想的继承和发展［J］．中州学刊，2019（7）.

［65］张群．论陈云对农村经济体制改革的思想［J］．邓小平研究，2019（7）.

［66］杨振闻．邓小平思考中国特色社会主义的理论逻辑：学习邓小平关于改善人民生活的重要论述［J］．邓小平研究，2019（5）.

［67］张沁悦，丁林峰．中国特色社会主义市场经济体制改革的自觉探索研究［J］．上海财经大学学报，2019（7）.

[68] 吉林省体改所课题组. 关于企业工资总额同经济效益挂钩的研究 [J]. 改革, 1990 (2).

[69] 宋尧. 关于企业工资总额同经济效益挂钩的研究 [D]. 重庆: 重庆大学硕士论文, 2018.

[70] 方玉萍. 从“放开搞活”到“城乡统筹”: 改革开放以来有关“三农”工作的中央一号文件解读 [J]. 广西社会科学, 2012 (5).

[71] 邱华炳. 利改税及其经济作用 [J]. 中国经济问题, 1984 (5).

[72] 赵亮. 1978—1992 年党的理论发展逻辑研究 [D]. 北京: 中共中央党校博士论文, 2018.

[73] 姚星星. 中国全面建设社会主义现代化新阶段“3S”经济发展战略研究 [D]. 北京: 中共中央党校博士论文, 2018.

[74] 程悦. 邓小平社会建设理论中的民本思想初探 [J]. 青年与社会, 2019 (8).

[75] 中国社会科学院马克思主义研究学部课题组. 改革开放 40 年中国马克思主义理论发展最具影响力的 40 件大事 [J]. 马克思主义研究, 2018 (11).

[76] 陈鸿彬. 河南经济发展战略的演变与抉择 [J]. 经济经纬, 2002 (11).

[77] 吴象, 陆文强. 乡镇企业. 市场取向改革的产物与动力 [J]. 改革, 1993 (2).

[78] 王钢, 钱龙. 城乡统筹发展背景下的小产权房治理及用地制度创新研究 [J]. 中国农村经济, 2019 (11).

[79] 刘同山, 崔红志, 孔祥智. 新中国成立 70 年来的粮食安全战略. 演变路径和内在逻辑 [J]. 中州学刊, 2019 (10).

[80] 金碚. 中国经济发展模式 70 年的最突出特征 [J]. 当代中国史研究, 2019 (9).

[81] 张宝英. 新中国 70 年收入分配制度改革回眸与展望 [J]. 经济研究参考, 2019 (9).

[82] 肖炎舜. 中国财政政策调控的阶段性变化研究 [D]. 北京：中国社会科学院研究生院博士论文，2017.

[83] 胡鞍钢，王洪川，魏星. 中国各地区人类发展·大进步与大趋同 [J]. 清华大学学报（哲学社会科学版），2013（9）.

[84] 赖德胜，蔡宏波. 周期性外部冲击对我国就业的影响及其应用 [J]. 求是学刊，2019（5）.

[85] 王拓，李钢. 我国外贸体制改革与国际竞争新优势培育 [J]. 改革，2019（6）.

[86] 陈霄，吴波，王凤阁. 新时代我国社会主要矛盾转化的三重意涵 [J]. 探索，2019（1）.

[87] 楼继伟. 40 年重大财税改革的回顾 [J]. 财政研究，2019（2）.

[88] 郑蔚，陈越，杨永辉. 新中国 70 年科技创新的政策演进与经验借鉴 [J]. 经济研究参考，2019（9）.

[89] 张婧. 论加工贸易发展与我国产业结构升级 [J]. 首都经济贸易大学学报，2003（11）.

[90] 赵凤玉. 农村富余劳动力转移的历史嬗变 [J]. 发展研究，2008（12）.

[91] 沈坤荣，赵倩. 改革开放四十年的重大制度创新与阶段性发展 [J]. 学习与探索，2018（12）.

[92] 杨伯坚. 河南省打造内陆开放高地研研究 [J]. 地域研究与开发，2012（8）.

[93] 王建国. 构建中原经济区统筹协调的城乡支撑体系 [J]. 中州学刊，2011（1）.

[94] 王发曾，吕金嵘. 中原城市群城市竞争力的评价与时空演变 [J]. 地理研究，2011（1）.

[95] 颜英，何爱国. 新中国七十年的工业化道路 [J]. 福建论坛（人文社会科学版），2019（7）.

[96] 魏后凯，刘长全. 中国农村改革的基本脉络、经验与展望 [J].

中国农村经济，2019（2）.

［97］杜奋根．乡村振兴战略视域下“落实农地集体所有权”探索［J］．学术研究，2018（12）.

［98］马晓河，涂圣伟．新时期推进农村改革的战略思想［J］．中国经贸导刊，2011（1）.

［99］王晓清．区域间城乡收入差距比较及影响因素研究［D］．南昌：南京大学博士论文，2013.

［100］洪银兴．40年经济改革逻辑和政治经济学领域的重大突破［J］．经济研究参考，2018（12）.

［101］贾全明．从城乡分离到城乡融合：中国道路及其实践模式［D］．武汉：华中师范大学博士论文，2012.

［102］侯仁勇．中部区域发展战略研究［D］．武汉：武汉理工大学博士论文，2005.

［103］李玲玲，魏晓，陈威．“中部塌陷”与湖南经济的崛起［J］．经济地理，2014（10）.

［104］张立群．中国经济增长的新特征及其近期发展态势［J］．中国工业经济，2001（8）.

［105］伍柏麟，汪斌．中国经济市场化改革理论二十年［J］．复旦学报（社会科学版），1998（9）.

［106］林丽仙．与时俱进的区域经济发展战略思想：三代领导人区域经济发展战略思想之比较［J］．发展研究，2006（4）.

［107］王亚平．“十五”时期我国对外贸易的战略目标和基本思路［J］．宏观经济研究，2000（2）.

［108］张占仓，蔡建霞．郑州航空港经济综合试验区建设与发展研究［J］．郑州大学学报（哲学社会科学版），2013（7）.

重要术语索引表

C

创新型河南 …………………… 145

G

改革开放 ………………………… 4

J

家庭联产承包责任制 …………… 9

经济导向 ………………………… 9

经济发展战略 …………………… 3

K

开放带动 ……………………… 59

科教兴豫 ……………………… 59

控制发展差距 ………………… 166

扩大内需 ……………………… 66

L

粮食生产核心区 ……………… 111

两不三新 ……………………… 194

M

民生导向 ……………………… 101

N

内陆开放型经济发展战略 …… 151

Q

区域统筹发展 ………………… 172

区域协调发展 ………………… 111

全面协调可持续 ……………… 58

R

让一部分地区先富起来 ……… 159

软着陆 ………………………… 58

S

三步走 …………………………… 6

三化协调 ……………………… 190

社会主义市场经济 ……………… 9

T

统筹城乡发展 …………………… 133

X

向市场经济转轨 ……………… 13

新型工业化 …………………… 111

Y

以市场换技术 ………………… 51

Z

战略 …………………………… 1

郑州航空港经济综合试验区 … 181

中原经济区 …………………… 99

中原崛起 ……………………… 98